認知・集客・見込客育成・販売・サポート
がまるごとできるマーケティング戦略

動画で「売れる仕組み」をつくる

前田考歩
Takaho Maeda

SE
SHOEISHA

会員特典データのご案内

本書の読者特典として「動画戦略図」「参照動画リンク集」「活用シーン事例」をご提供いたします。以下のサイトからダウンロードして入手してください。

https://www.shoeisha.co.jp/book/present/9784798168081

※会員特典データのファイルは圧縮されています。ダウンロードしたファイルをダブルクリックすると、ファイルが解凍され、ご利用いただけるようになります。

●注意

※会員特典データのダウンロードには、SHOEISHA iD（翔泳社が運営する無料の会員制度）への会員登録が必要です。詳しくは、Web サイトをご覧ください。 ※会員特典データに関する権利は著者および株式会社翔泳社が所有しています。許可なく配布したり、Web サイトに転載することはできません。 ※会員特典データの提供は予告なく終了することがあります。あらかじめご了承ください。

●免責事項

※会員特典データの記載内容は、2021年6月現在の法令等に基づいています。 ※会員特典データに記載されたURL 等は予告なく変更される場合があります。 ※会員特典データの提供にあたっては正確な記述につとめましたが、著者や出版社などのいずれも、その内容に対してなんらかの保証をするものではなく、内容やサンプルに基づくいかなる運用結果に関してもいっさいの責任を負いません。

本書に関するお問い合わせ

このたびは翔泳社の書籍をお買い上げいただき、誠にありがとうございます。弊社では、読者の皆様からのお問い合わせに適切に対応させていただくため、以下のガイドラインへのご協力をお願いいたしております。下記項目をお読みいただき、手順に従ってお問い合わせください。

●ご質問される前に

弊社 Web サイトの「正誤表」をご参照ください。これまでに判明した正誤や追加情報を掲載しています。

正誤表 https://www.shoeisha.co.jp/book/errata/

●ご質問方法

弊社Webサイトの「刊行物 Q&A」をご利用ください。

刊行物Q&A https://www.shoeisha.co.jp/book/qa/

インターネットをご利用でない場合は、FAXまたは郵便にて、下記"翔泳社 愛読者サービスセンター"までお問い合わせください。電話でのご質問は、お受けしておりません。

●回答について

回答は、ご質問いただいた手段によってご返事申し上げます。ご質問の内容によっては、回答に数日ないしはそれ以上の期間を要する場合があります。

●ご質問に際してのご注意

本書の対象を超えるもの、記述個所を特定されないもの、また読者固有の環境に起因するご質問等にはお答えできませんので、あらかじめご了承ください。

●郵便物送付先および FAX 番号

送付先住所 〒160-0006 東京都新宿区舟町5

FAX 番号 03-5362-3818

宛先 (株) 翔泳社 愛読者サービスセンター

はじめに

　本書を手にとった方は、次のようなやりたいことがあるのではないでしょうか。
「検索結果の順位を向上させて集客したい」
「SNS アカウントのフォロワーを増やしたい」
「サイトの訪問者を増やして、コンバージョン率を上げたい」
「問合せの対応コストを減らしたい」
　新型コロナウイルス感染症の流行以降のマーケティングやセールスに従事する方なら以下のことで頭を悩ませているでしょう。
「ウェビナーで獲得した見込客を育てて商談に結びつけたい」
「メールで動画を配信して見込客や顧客の興味を把握したい」
「オンライン商談中にわかりやすい製品説明を行いたい」

　かつてないほど、オンライン上でのビジネスが重要になっているいま、これらのやりたいことをかなえる最適な方法の 1 つが動画活用です。動画の制作（つくる）・配信（とどける）・運用（まわす）を一気通貫で実行する体制を構築すれば、上記のやりたいことをすべて実現できるでしょう。
　でも「動画って難しそう」というイメージがありませんか。大丈夫です、安心してください。規模、業種、目的が異なるさまざまな動画活用プロジェクトを支援してきた筆者ですが、実は動画制作がまったくできません。ですので、本書は動画制作ソフトの使用方法や撮影・照明技術、YouTube の再生回数を増やし広告収入を得るためのノウハウを語るものではありません。

　動画は制作できなくても、使えれば良いのです。そのためには、動画という表現形式の特徴を理解し、自社の状況や制約を正しく認識したうえで、動画制作・配信・運用の全体像を描く必要があります。本書は動画活用の全体像、すなわち動画戦略を描き、「売れる仕組み」を構築するための手引きです。

　ビジネスを成功に導く可能性に満ちあふれている動画をマスターしていきましょう。

Contents | 目次

Chapter
3 | 動画を「つくる」 …………………

Chapter
4

動画を「とどける」 …………………… 111

Introduction

なぜ動画活用は
うまくいかないのか?

01 動画は販促と相性抜群

》》》 動画が及ぼす素晴らしい効果

　本書を手にとってくださったみなさんは、「今後はわが社も動画活用に力を入れよう」「マーケティングに動画を活用しよう」「営業効率化のために動画を使おう」といった気持ちで、動画についての調査を行ったり、動画制作をメンバーに命じたり、あるいは自分が起案して社内提案したり、クライアントから相談されたりしているのではないでしょうか。

　BtoB、BtoC を問わず、マーケティングやセールスに動画を活用すると、次のような素晴らしい効果が得られます。

- 検索結果からのオーガニックトラフィックを 157％増加させる[1]
- 動画広告は静止画に比べてコンバージョン率が 20 ～ 30％、クリック率が 2 ～ 3 倍増加する[2]
- 10 人のうち 8 人が製品やサービスを買うきっかけにつながっている[3]
- 81％がブランドの動画を見て商品やサービスを購入している[3]
- メールの件名に「動画」という単語を記載するだけで、クリック率が 13％向上する[4]
- ランディングページに製品動画を載せると、コンバージョンが 80％増加する可能性がある[5]

[1] https://www.wordstream.com/blog/ws/2017/03/08/video-marketing-statistics
[2] https://databox.com/videos-vs-images-in-facebook-ads#:~:text=Stevenson%20says%3A%20%E2%80%9CWe%20have%20found,it%20comes%20to%20Facebook%20ads.%E2%80%9D
[3] https://www.wyzowl.com/10-video-marketing-statistics-that-will-blow-your-mind/
[4] https://www.impactplus.com/blog/video-content-the-importance-of-video-marketing
[5] https://www.wordstream.com/blog/ws/2016/03/30/video-for-conversion-rate-optimization

　動画を活用すると Web サイトへの自然流入、集客、メール開封率、コンバージョンが増加し、営業販売を促進します。「動画　マーケティング」「動画　営業」などのキーワードで検索すると、このようなバラ色の成果がヒットします。ビジネスメディアや動画活用に関するソリューションを提供する企業のオウンドメディアを見れば、いろいろな企業の成功事例が出てきます。

≫ ほとんどの動画活用プロジェクトは失敗する

　しかし残念ながら、成功を手にする企業はごくわずか。たいていの動画活用プロジェクトは失敗に終わります。「動画制作のための面倒な作業、それに要する関係者との調整などにかけた時間とお金のわりに、得られた効果が小さかった」ということがほとんどです。「期待したほど動画が再生されなかった」「商品購入に結びつかなかった」「資料請求や問合せが増えなかった」「動画制作ツールや編集ソフト、カメラなどを購入したけれど、数本制作しただけで使われなくなった」。そして制作された数々の動画は YouTube チャンネルに林立する墓標のようです。

　でもちょっと待ってください。ダメだったと判断する前に、次の問いをふりかえってみてはいかがでしょうか。

- 目的に対して時間やお金をかけすぎていなかったか？
- 視聴者に促したい変化に対して、適切な内容だったか？
- 視聴者の知りたいことや解決したいことを伝える構成になっていたか？
- 視聴者に動画を届けるタイミングやシチュエーション、文脈は適切だったか？
- 指標とすべきデータを選び間違え、効果がないと判断していないか？
- 制作、配信、ツール導入、動画活用の各部署間の連携や意思疎通はできていたか？

　思い当たることがあるのではないでしょうか。ではなぜそれができずに失敗してしまったのでしょうか。次節で詳しく見ていきましょう。

動画活用プロジェクトが
失敗する理由

動画活用プロジェクトの多くが失敗に終わる要因は次の3つです。

❶ 自社の状況に適した**最適な制作・配信・運用手段の全体像を描いていない**
❷ **動画は制作しづらい**
❸ **動画**に対する固定観念、思い込みがある

1つ目の「自社の状況に適した最適な制作・配信・運用手段の全体像」とは、動画活用プロジェクトの戦略と捉えられます。戦略とは目的を実現するための大きな枠組み・方向性のことです。動画活用プロジェクトは、ただ動画を制作するだけではなく、配信や運用にも目を配らなければなりませんが、多くのリソースと意識が制作に向きがちです。すると、動画という手段が容易に目的化してしまい、戦略が疎かになってしまいます。その結果、せっかく制作した動画を最適な時期に配信できなかったり、動画配信後のフォローが不十分で、動画を有効に活用しきれなかったりする問題も起こります。

「ECサイトの購入率アップに動画を使いたい」「見込客育成に動画を使いたい」という目的だけでは戦略を描くことができません。その**目的が「どうなっていたら成功といえるか?」という成功の定義が必要です。**なぜなら、動画活用プロジェクトには数多くの要素があるので、その要素を自社の状況に適合するかたちで取捨選択するための方向性を決めなければならないからです。

要素には動画そのものだけでなく、動画化したい対象、動画を視聴してもらいたい視聴者、視聴者に動画を届けるための媒体、与えられた予算や時間、プロジェクトメンバーの稼働可能な工数、メンバーのスキルやリテラシー、使用できるツールなど多岐にわたります。配信後の営業現場・売場などで動画を活

用しやすくするための運用、連携する必要のある部署なども要素になります。企業によっては動画制作および動画制作ツールの導入決定部署と、動画制作部署と、動画活用部署が異なることもあります。自社でまかなえなければ、ベンダー各社の知識や技術を買う必要もあります。

　こうした要素間の関係を目的の実現のために整理し、方向づけるための方針として、成功の定義が必要になります。しかし、ほとんどの動画活用プロジェクトは、目的があっても成功の定義がない、もしくはあいまいです。

　みなさんが動画活用プロジェクトを担うことになった際に**最初にとりかかることは「動画をどうつくるか？」ではなく、自社の状況に適した制作・配信・運用の全体像を考え、戦略を描くこと**なのです。

≫≫ 動画が制作しづらい理由

　動画活用プロジェクトが失敗に終わる2つ目の要因、「動画は制作しづらい」は、動画制作を担当する方が直面する問題です。動画は目的を実現するための手段ですが、動画を制作するための手段もまた数多く存在します。動画の企画・構成には「インタビュー」「ランキング」「誇張」「擬人化」といったさまざまなメソッドがあります。カット数や秒数はどうするか？　実写かアニメーションか？　全編動画か静止画を組み合わせるか？　といったことも動画を企画するための手段です。音楽や効果音、テロップやセリフも手段ですが、これらのバランスについても考えなければなりません。要素の組み合わせ次第で、完成する動画の姿がガラリと変わり、効果にも影響を及ぼします。

　また、これまでの動画制作は専門的な知識やスキルを要するために外注一択でしたが、ソフトウェアやツールの進化によりスキルや経験のない人でも制作できるようになりました。内製か外注かの選択も手段の一つです。

　配信の手段も自社のホームページ、SNS、メールマガジン、各種広告、デジタルサイネージ、営業社員がもち歩くタブレットなど、オンライン・オフラインを問わず、さまざまなメディアが存在します。みなさんが企画・制作する動画は、いずれのメディアを通じて、どのようなシチュエーションで、いつ、見てもらえば目的を実現できそうでしょうか？　このように、**動画を活用するには数多くの手段が存在するため、考えなければならないことも多くなります。**

動画はそもそも非常に扱いづらいのです。

　手段とは選択肢です。**手段の広がりは一見よいことのように思えますが、それだけ選択を誤るリスクが増えることも意味します。**どの手段を選択するかは目的や課題によって異なるのはもちろん、その手段を採用する企業のリソースや置かれている環境、動画を視聴してもらいたい視聴者との関係性によっても異なってきます。

≫≫ 動画への思い込みが失敗を招く

　動画活用プロジェクトが失敗に終わる3つ目の要因は「動画に対する固定観念、思い込みがある」ことです。「注目してもらうためにクオリティを高くしないといけない」「尺が長いと飽きられるから短くしなければならない」「動画は文字や画像より多くの情報を伝えられる」といったものがあります。これらはある一面では正しいですが、絶対的に正しいものはありません。**尺の長さ、クオリティの高さがどうあるべきかは、動画を使用する目的、視聴者との関係性、その動画を配信するメディア、動画化する対象によって変わってきます。**

≫≫ 3つの失敗要因を俯瞰する

　ここまで述べた3つの要因は、入れ子構造になって問題をさらに複雑にしています。動画制作は目的実現のための手段に過ぎないのに、分業や専門化が進み、検討・調整作業が多いことによって、容易に手段が目的化してしまいます。全体像がないと、その動画が真に実現したい目的を見失い、成果につながらない動画ができあがってしまいます。

　制作することだけに目がいってしまった結果、動画の中でいってはいけないことを発言してしまい、撮り直しになってさらにコストがかかったり、配信したい期間が短くなったりしてしまいます。このような**全体像の欠如による失敗は枚挙にいとまがありません。**個々の要素だけでも多くの手段があり、それらを目的化させず、自社の状況に適した全体像を把握し、辻褄が合うように諸要素を構成することは簡単ではありません。動画を制作した経験のない方であれば、なおさら難しく感じてしまうと思います。

　でも安心してください。「はじめに」でふれたように、筆者も動画制作がまっ

たくできないからこそ動画の特徴を理解し、自社の状況や制約を正しく認識し、動画活用に必要な制作・配信・運用の諸要素の辻褄を合わせ、全体像を描くための方法を編み出しました。

全体像を描けるようになるために、ここまで述べてきた動画活用が失敗してしまう要素と構造を1枚の図（図A）に表します。**「自社の状況に適した最適な制作・配信・運用手段の全体像の欠如」**が動画活用の失敗の要因です。動画が非常に制作しづらく、容易に手段が目的化してしまい、制作することだけに注力してしまいがちになることが、全体像が欠如してしまう主な要因です。実際には制作以外に検討・調整すべきことが多く、企業規模が大きくなると関連する部署が多くなることで調整業務が増え、意思疎通が困難になる問題が生じます。

動画の制作のしづらさもまた、制作の手段や制約が多すぎることと、動画についての固定観念といった要素からなります。多すぎる手段や制約に適切に対処するためにはそれを判断する考え方や基準が必要ですが、そもそもこれが備わっていないという問題があります。さらに、動画への固定観念もいくつかの思い込みでできあがっています。

こうした要素群が入れ子になって複雑に絡み合い、動画制作に要する時間や金銭的コストが高くなり、視聴者に影響を与える動画を制作できず、最適なタイミング、シチュエーションで動画を配信・活用できないといった問題となって現れます。これらの問題が、「かけたコストのわりに効果が出なかった」「問い合わせや資料請求が増えなかった」という結果を生んでいます。

構造がわかれば問題は解決できます。以降の章では、動画への固定観念を取り払い、多すぎる制作の手段やトレードオフを判断するための考え方をお伝えします。そして、増える業務や関係者の意思疎通を促し、一人ひとりの力が目的に向かって結集できるようにするための全体像を表現するフレームワークを提示します。実際に読者のみなさんが動画活用の目的が実現できるよう、フレームワークの使い方やケーススタディも解説していきます。

なお、本書では動画を見る人、見せたい人を「視聴者」とよびます。視聴者はお客様、顧客、見込客、ユーザー、ファンでもありますので、文脈に応じてそれぞれご自身の状況や慣習に当てはめて読み替えてください。

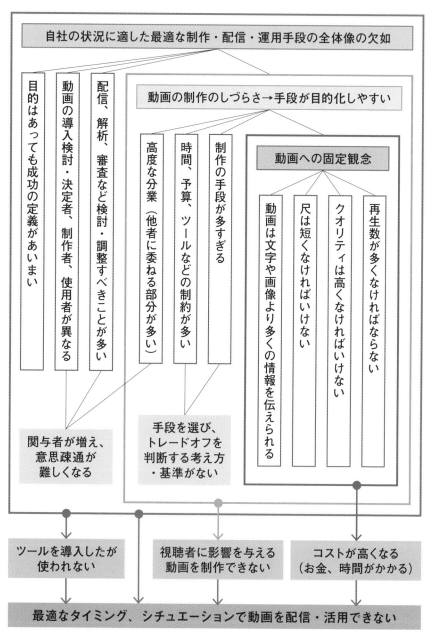

自社の状況に適した最適な制作・配信・運用手段の全体像の欠如

目的はあっても成功の定義があいまい

動画の導入検討・決定者、制作者、使用者が異なる

配信、解析、審査など検討・調整すべきことが多い

動画の制作のしづらさ→手段が目的化しやすい

高度な分業（他者に委ねる部分が多い）

時間、予算、ツールなどの制約が多い

制作の手段が多すぎる

動画への固定観念

動画は文字や画像より多くの情報を伝えられる

尺は短くなければいけない

クオリティは高くなければいけない

再生数が多くなければならない

関与者が増え、意思疎通が難しくなる

手段を選び、トレードオフを判断する考え方・基準がない

ツールを導入したが使われない

視聴者に影響を与える動画を制作できない

コストが高くなる（お金、時間がかかる）

最適なタイミング、シチュエーションで動画を配信・活用できない

図A　動画活用が失敗する構造

Chapter

1

動画活用の
戦略を描く

動画活用の目的と成功の定義を決める

>>> 動画活用の成功の定義とは何か？

　動画活用を進めていくにあたって一番はじめに行うことは、動画活用の全体像、つまり戦略を描くことです。そのためには「動画活用の目的」と「動画を活用してどうなっていたら成功か？」という成功の定義を決めることから始めます。

　成功の定義とは、目的が実現したと評価できる指標、判断できる基準のことです。動画の目的に対していきなり「こんな動画を制作しよう」と決めてしまうと、成功の可能性を著しく小さくしてしまいます。

　動画制作の手法は非常に多く、制作する人物のスキルやセンスに完成度が大きく左右されます。どのような手法で、誰が制作するかの選択が適切でなければ、せっかく動画を制作したとしても、視聴者に変化を起こす動画を制作することはできません。

　そのため何よりも先に、**動画活用が成功しているときの視聴者や関与者の状態を想像して定義することで、数多くの選択肢を適切に絞り込む基準や制作者の方針とすることができます。**

　たとえば以下のような動画活用の目的があるとしましょう。

- EC サイトのコンバージョンを上げたい
- 見込客を育成したい
- 資料請求を増やしたい
- 非対面の営業活動を効率化させたい
- 検索結果順位を向上させたい
- SNS のフォロワーを増やしたい
- 営業活動を効率化したい

こうした目的にはそれぞれ何円、何%、何件という数値目標が設定されていますが、これは成功の定義にはなりません。成功の定義では、その数値目標が達成されたとき「動画を視聴した視聴者や動画を活用する関係者に、どのような変化が起きているか？」を設定します（図1-1）。

企業　動画　視聴者　成功の定義　目的

思考や行動、関係性の変化

図1-1 動画活用の目的と成功の定義

ECサイトのコンバージョンを上げたいのであれば、商品購入ページで配信する動画を再生して、「視聴者が商品についてこのような情報を得ていればワクワクして購入しているだろう」「知りたいことが解決していれば安心して購入してくれるだろう」といったことを定義します。

見込客の育成なら、メールなどで営業社員が製品の特徴を紹介する動画を見込客に届けて、「視聴者が製品の動きを実際に体験してみたい」「この営業の人ならもっと話を聞いてみたいと思ってくれるだろう」という定義をします。

非対面の営業活動の効率化が目的であれば、「一人ひとりの営業社員がパワーポイント感覚で動画を作成して、顧客へのユニーク（個別）な提案動画を簡単に制作・配信できているだろう」といったことを定義します。

成功の定義は、「視聴者がこうなっていれば目的が果たされているだろう」という仮説です。動画を配信してその仮説が正しくなかったときは、手段のみならず成功の定義も変更して、新たな方法の選択基準や制作方針を定めます。

≫ 定量指標の落とし穴

動画活用の正否を判断するために、YouTubeなどの動画配信プレイヤーで取得できる動画の再生数や視聴完了率といった定量的なデータを指標に掲げることがあります。**定量的なデータは評価指標として便利ですが、この数値を絶対**

視、重視しすぎることには注意が必要です。これが行き過ぎると「数値目標を達成するためにはどんな手を使ってもいい」と考えてしまうようになります。

　たとえば認知獲得を目的とする場合は再生数が1つの指標になり、「話題になりそうだ」という理由で社会的・倫理的に好ましくない表現をして、期待とは異なる「視聴者に促したい変化」が起きてしまっては本末転倒です。

　また、定量指標ばかり見ていると量を増やす傾向に陥りがちです。これは営業現場でもよく起きる現象で、今月の目標契約件数が少ない場合「アポ数を増やそう」「訪問件数を増やそう」と考えてしまいます。動画の場合は、BtoBであればとにかくセミナー動画を視聴してもらい、資料ダウンロードをしてもらったり、問合せ獲得につなげようとしたりして、所有するメールアドレスに頻繁にメールを送信し続けます。

　受信者は同じ内容のメールがまた来たことをしつこいと感じ、メールをオプトアウト（受信拒否）したり、開封せず迷惑フォルダやゴミ箱に捨てたりしてしまいます。リアルな展示会やセミナーが開催しづらく、オンラインの集客・見込客育成に頼らなければいけない状況下で、貴重なメールアドレスをドブに捨てるわけにはいきません。**視聴者に起こしたい変化を定義するのが先で、定量指標はその後に設定した方がよいでしょう。**

>>> 成功の定義を表現するポイント

　成功の定義を表現するときのポイントは3つあります。1つ目は**「動画を視聴した視聴者や動画を活用する関与者にどのような変化が起きているか？」という視聴者や関与者の心や行動の状態を想像すること**です（表1-1）。

　心や行動の状態を表現するので、「○○している」「○○になっている」という書き方になります。できるだけ具体的に表現することが大事ですが、まだ制作もしておらず、視聴者に見てもらったこともない動画が、どのような状態をもたらすかは想像するしかありません。うまく書けないときはいったん仮の表現として書くにとどめ、この後から考える動画の制作内容や方法、配信方法や運用体制を決めてから、あらためて表現を変更・修正してもよいです。

　2つ目のポイントは、**動画活用の関与者全員から意見・要望を募り、状況を把握したうえで合意すること**です。

目的	語学教室の体験入学・資料請求を増やしたい
成功の定義	授業を担当する先生の人となりや、受講者の外国語によるインタビューを伝え、「こんな人から教わりたい」「こんな人のように話せるようになりたい」と思ってもらう

目的	介護用品の検索結果順位を向上させたい
成功の定義	介護用品を調べている人が、購入を検討する際に気になるポイント、悩むポイントが、手短かにわかりやすく動画化できている

目的	SNSのフォロワーを増やしたい
成功の定義	広告を使わず、フォロワーが喜びそうなお役立ち情報やあるあるネタを投稿して、シェアされる動画を投稿できている

表1-1 成功の定義の具体例

「営業活動を効率化したい」という目的に対して動画活用を検討・決定する部署、制作する部署、実際に使用する部署が異なると成功の定義も異なります（表1-2）。売れている営業社員の製品紹介動画を制作して、その動画を商談中に見せれば経験の浅い営業社員でも売れるようになると営業支援部門が考えるとします。このとき、同部門が高度な編集機能のついた動画制作ツールを検討・導入しても、実際に動画制作する営業部門は日々の業務で忙しく、動画制作のための十分な時間を取ることができなければ宝のもち腐れです。

マーケティング部門がインサイドセールス社員の商談支援用に、大手有名企業の導入事例インタビュー動画を何本も制作するとしましょう。しかし主要ターゲットが中小企業である場合、大手企業の事例は「大手だからできるんでしょ。うちでは無理だよ」と思われてしまうこともありえます。

動画の視聴動向を把握する場合は解析ツールが必須で、そのデータを営業管理システムと連動させたいと管理部門が考えるとします。しかし実際には動画の解析ツールと営業管理システムのデータのひもづけが大変な作業なので、データの反映に時間がかかり営業機会を逃してしまっては、本末転倒です。

目的	営業活動を効率化したい
成功の定義 その1	製品知識の浅い営業社員でも、売れている営業社員の製品紹介動画を商談中に見せることで、商談機会を逃さないようになっている
成功の定義 その2	商品の魅力や特徴を少ない時間で動画化し、見込客とのタッチポイントを増やし、見込客の商品に対する理解度が上がっている
成功の定義 その3	訪問しなくても一斉送信でよい情報をオンデマンド動画化し、個別対応が必要な提案はビデオ商談を行う体制を構築できている

表1-2 部署ごとに異なる成功の定義の具体例

　こうした事態に陥らないようにするために、動画活用に関わるメンバーがどうなっていたら助かるか、スムーズに仕事できるかを関与者から吸い上げ、擦り合わせていくことが必要です。

　3つ目のポイントは、**「自分はこうなっていたら成功だ」と思うことのできる表現にすること**です。2つ目の関与者と合意することと矛盾しているように聞こえるかもしれませんが、マネージャーやクライアントなどの関与者は、「動画を活用するといいことが起きるらしい」というボンヤリとした期待だけが先行していることがよくあります。こういう人々はできあがった動画を見て、「なんか思っていたのと違うね」「こういうふうにできなかったの？」と批判することがあります。自らが率先して成功の定義を決め、関与者の合意をとってください。関与者が多い場合は、それぞれが同じ目的に対してどのような成功の定義を思い描いているかを書き出して共有し、互いの認識にズレがないかを確認してください。認識のズレに気づかないまま動画活用プロジェクトを進めてしまうと、ここまで述べたような問題が後になって噴出してきます。

　よい成功の定義は関与者のやる気を高め、プロジェクトへのコミットメントを引き出す力があります。関与者が腹落ちする「やってみよう！」「ぜひ実現させたい！」と思える表現を設定しましょう。

「つくる」「とどける」
「まわす」で考える

>>> 「つくる」「とどける」「まわす」とは何か？

　動画活用の目的と成功の定義が決まったら、その実現のために「3つのあるべき状態」を考えます。

●つくる

動画の内容。企画や構成を定義する

●とどける

動画の掲載媒体、配信方法。制作した動画をどんな媒体・場所・シチュエーション・タイミングで配信すべきかを定義する

●まわす

動画の制作体制、動画配信後のフォロー、関係部署との連携のあり方などの運用全般。取得すべきデータ、改善活動、配信後の視聴者フォロー、関係部署との連携のあり方などをどうすべきかを定義する

　これらは動画活用をするにあたって最低限考えなければいけないものです。レストランにたとえると、「つくる」は魚料理なら季節の魚介を、肉料理なら子牛やラム、鴨などの素材をどのように料理するのか、「とどける」はどのようなお皿に盛り付けるのか、「まわす」はもっとも美味しく食べてもらうタイミングで届けるためのキッチンからフロアまでの導線づくりに相当します。**3つのあるべき状態は、「成功の定義は、動画の内容や視聴のされ方、運用体制が"こうなっていなければ実現できないだろう"」というものを書きます。**3つのあるべき状態と、動画活用の目的・成功の定義との関係性は図 1-2 のように

なります。

　3つのあるべき状態のそれぞれの表現は、動画の制作方法、配信方法、運用体制に存在する数多の手段を選択する基準となります。制作方法には「誇張」「擬人化」「ランキング」「ニュース」などのメソッドの手段、配信方法には「動画共有サイト」「動画配信プラットフォーム」などの配信場所や「自社サイト」「商業メディア」などの媒体の手段、運用体制には「外注」「内製」「ツール選択」などの手段があり、それらの組み合わせは膨大な数になります。また、動画制作をしたことのない社員に、どのように促すのか、既存業務を削り新たに業務に組み込むのか、どの部署のどの担当者に割り振るのかといったこともまた手段です。

　失敗の構造で述べた「自社の状況に適した手段を選択できない」という問題は、これらの手段が多様かつ膨大にあり、どの手段を選べばよいかを考え、判断する基準や知識がないために起こっています。この問題を解決するための重要な鍵が、この3つのあるべき状態にあることを意識してください。

　考える幅、つまり選択肢の数は、「とどける」「つくる」「まわす」の順に多くなります。ここでは3つのあるべき状態を定義する必要があることを意識しておけば十分です。

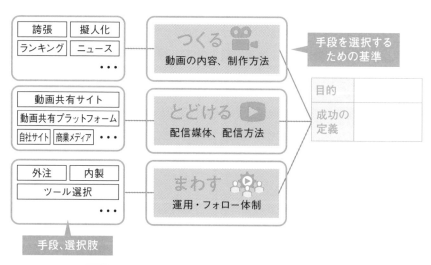

図1-2　「つくる」「とどける」「まわす」の関係性

>>>「つくる」「とどける」「まわす」は同時に考える

　「つくる」「とどける」「まわす」は、動画活用を実行する順番と捉えてかまいません。作業の流れは図1-3のようになります。ただし、「つくる」が終わったら「とどける」を考え、「とどける」が終わったら「まわす」を考えるのではなく、**それぞれを同時並行で考え、進めていく必要があります**。3つの状態はそれぞれが独立しているわけではなく、相互に影響し合うからです（図1-4）。

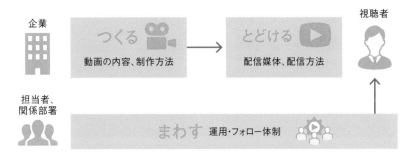

図1-3　「つくる」「とどける」「まわす」の作業の流れ

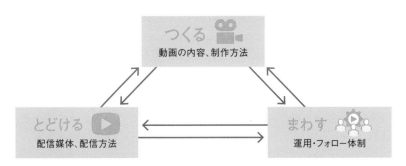

図1-4　「つくる」「とどける」「まわす」は相互に影響を及ぼす

　たとえばECサイトの購入促進を目的に、動画を配信するとしましょう。購入ページに詳細なテキスト情報が記載されている場合、配信する動画はそれらのテキスト情報や画像情報をすべて動画にする必要はありません。このように配信媒体が動画の内容に影響を与えます。

　また、季節ものの生活用品や雑貨、観葉植物などを店頭で販売促進すること

を目的に、当該商品のそばに QR コードを掲示して、詳しい情報を知りたい来店者に動画を届けるとしましょう。季節ものの商品であれば、販促期間は限られたものになります。このとき、動画に求めるクオリティが高く、制作・編集の期間が長くかかってしまい、商品が店頭に並んでしばらく経ってから動画が配信されては、販促期間が短くなってしまいます（図1-5）。きちんと計画を立てて店頭に製品が並ぶのと同時に動画を配信すればいいだけの話ですが、動画活用の初期段階ではこうした問題がよく起きます。動画化したい商品点数にも影響を受けますが、こうした事態を回避するためにはできるだけ時間をかけず、必要にして十分なクオリティを担保する制作方法を採用すべきです。**運用体制もまた動画の制作方法に影響を与えるのです。**

図1-5 動画制作期間が長くなると、販促期間が短くなる

　「つくる」「とどける」「まわす」をすべて1人の担当者が手がけることは少なく、担当者が分かれたり部署が分かれたりします。そのため、動画活用の担当者は、この3つの状態がどのように影響し合うのか？　目的実現のためにどのように辻褄を合わせるのか？　整合性を取るのか？　ということを関与者全員に理解しておいてもらわなければなりません。こうしたことが示されない場合は、どのような媒体で動画を届けるのかを確認しておく必要があります。店頭でシニア向けの製品説明をする動画をつくることを知らずに、小さなテロップで説明をしてもシニアには見づらいものになってしまうでしょう。

　季節ものの商品の売り場担当者であれば、商品そのものと口頭の説明だけでは伝えにくい商品の魅力、使用方法、手入れ方法など、現場が商品をもっと売りやすくするような、現場の状況に即した動画内容を要望しなければなりません。さもなければ、販売にまったく影響を与えない動画になってしまいます。

　3つのあるべき状態のどれかを見落とすと、動画活用に支障をきたしてしまいます。複数の関与者が分業して進めているとこうした事態に陥りやすくなるので、**3つのあるべき状態を俯瞰し、関与者と共有することによって、個々の貴重な時間を使って行う業務を無駄にせずにすむようになります。**

〉〉〉 "あるべき状態" の表現例

　「つくる」「とどける」「まわす」の表現は、成功の定義と同様に「○○している」「○○になっている」という書き方になります。

　介護用品を扱う商社の「営業活動の効率化」を目的にした例で考えてみます。この会社では約100名の営業社員がおり、介護施設運営企業やケアマネージャーなどを訪問して製品提案を行っています。扱う製品点数が膨大で、営業社員の製品知識にムラがあるため、商談中に「あの製品が提案できるかもしれない」と思っても、その製品をうまく紹介することができません。

　製品を商談現場にもってきていないこともほとんどで、手持ちのカタログには説明文と写真のみで、製品の重さや動き、使い勝手などをうまく伝えることができません。そのため、一度帰社してから詳しく調べたり、製品を持参したりして再度訪問するという活動を行ってきました。

　そこで、製品紹介動画を制作し、「製品知識の浅い営業社員でも、売れている営業社員の製品紹介動画を商談中に見せることで、商談機会を逃さないようになっている」を成功の定義とし、「つくる」「とどける」「まわす」を図1-6のように書きました。

　製品紹介動画を「つくる」にあたって、その製品をもっとも売っている社員がもっともその製品が導入されるポイントを知っているだろうという考えのもと、製品の使い勝手や使用するときのコツなどを動画化することにしました。製品の全景や細部を静止画で撮影したものをスライドショーのようにつなげた動画では使い勝手などを伝えることはできません。そこで、「つくる」の定義は「導入の決め手になった製品の使い勝手などを紹介できている」としました。この表現は、動画制作の手段を選択する際の基準となります。

　動画を「とどける」のは、「商談中に『あれが提案できそう』と思った瞬間、すぐに社員に支給されているタブレットで見せる」としました。「すぐに」が重

つくる

導入の決め手になった製品の使い勝手などを紹介できている

とどける

商談中に『あれが提案できそう』と思った瞬間、すぐに社員に支給されているタブレットで製品紹介動画を見せる

まわす

全営業社員が提案した製品が導入されたときのポイントを自覚できている

目的	営業活動を効率化したい
成功の定義	製品知識の浅い営業社員でも、売れている営業社員の製品紹介動画を商談中に見せることで、商談機会を逃さないようになっている

図1-6 "あるべき状態"の表現例

要です。営業社員はその製品名がわからない、または思い出せないことが多いため、製品カテゴリーや製品が解決する課題などのキーワードを頼りに検索しやすくする必要がありました。この表現が、制作した動画をどこに置いてどのように見せるか、という手段を選択する際の基準になります。

　もっとも、その製品を売っている営業社員の動画だけに頼っていては、他の営業社員が製品知識を身につけたり、提案能力を向上させたりすることを怠ってしまうかもしれません。そこで、この製品紹介動画は全営業社員が制作することにしました。この全員参加のハードルを下げるため、製品が導入されたらなぜそれが導入されたのかを顧客にヒアリングしたり自分で考えたりすることで、「全営業社員が提案した製品が導入されたときのポイントを自覚できている」という、運用体制のあるべき状態を設定しました。

　他社の動画を見て、「わが社もあんな動画をつくりたい！　あんな動画をつくろう！」と制作してみても、自社の製品や体制に合っていなければ制作費の無駄遣いです。**成功の定義を実現するために、動画の内容はどうあるべきか？　視聴のされ方はどうあるべきか？　それらを運用していく状態はどうあるべきか？**　これらを考えて設定するようにしてください。

〉〉〉 "あるべき状態" が複数ある場合の表現例

　"あるべき状態" が複数ある場合もあります。ある語学学校では、講師と受講生2種類の動画を制作することになっていました。動画活用の「つくる」「とどける」「まわす」のあるべき状態は一つずつ表現する必要はありません。いずれの状態も複数出てくることがあります。図1-7のようにそれぞれのあるべき状態は大きな枠線で囲み、ひとくくりにしておくとわかりやすくなります。

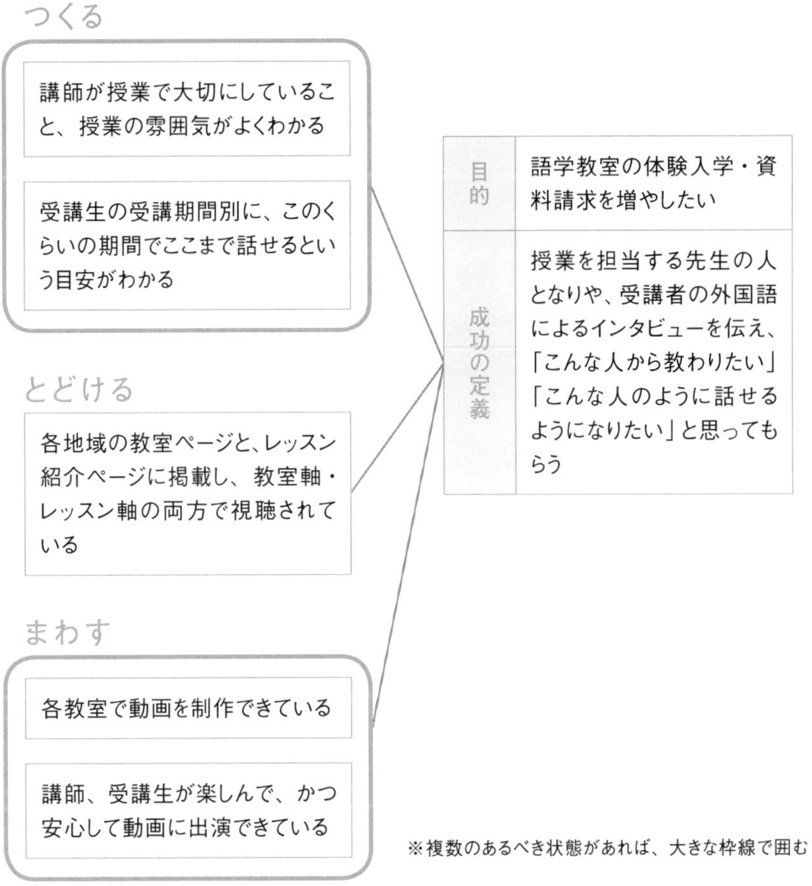

つくる

> 講師が授業で大切にしていること、授業の雰囲気がよくわかる

> 受講生の受講期間別に、このくらいの期間でここまで話せるという目安がわかる

とどける

> 各地域の教室ページと、レッスン紹介ページに掲載し、教室軸・レッスン軸の両方で視聴されている

まわす

> 各教室で動画を制作できている

> 講師、受講生が楽しんで、かつ安心して動画に出演できている

目的	語学教室の体験入学・資料請求を増やしたい
成功の定義	授業を担当する先生の人となりや、受講者の外国語によるインタビューを伝え、「こんな人から教わりたい」「こんな人のように話せるようになりたい」と思ってもらう

※複数のあるべき状態があれば、大きな枠線で囲む

図1-7 "あるべき状態" が複数あるときの表現例

手段の選択に影響を与える要素

　「つくる」「とどける」「まわす」の３つの状態を定義した後は、その状態を実現するための手段を選択します。**手段の選択とは、３つのあるべき状態を実現するための「要求」です。**

　「つくる」「とどける」「まわす」の手段にはそれぞれ動画の企画や構成のメソッド、制作ツール、配信プラットフォームや配信媒体、取得した動画視聴データの活かし方や関係者を巻き込むノウハウなど、その種類も数も豊富です。

　ただ自分たちが望む成功を手に入れるためにこれらの手段を好きなように使うことができるかというと、残念ながらそうはいきません。

　手段の選択を阻む制約や手段の選択に影響を与える要素があります。これらの要素があるべき状態からの要求と衝突し、あっちを立てればこっちが立たないというトレードオフを迫られることがあります（図1-8）。また、選択した手が制約になって、その他の望ましい手段を選択できないことも起きます。

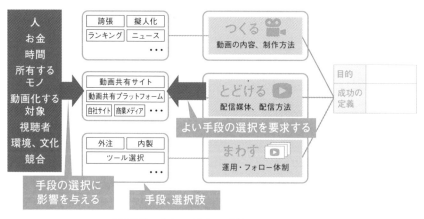

図1-8 手段の選択に影響を与える要素

「つくる」「とどける」「まわす」の手段の解説に入る前に、以下に示す手段
の選択に影響を与える要素をおさえておきます。

●人
プロジェクトに関わるメンバー。どのような知識やスキルをもっているのかを
確認する。関わる部署やキーマンも把握しておく

●お金
使える予算

●時間
与えられている時間（残された時間）。一人ひとりのメンバーが稼働できる時
間についても確認する

●所有するモノ
所有する動画制作ツールや利用している動画配信プラットフォーム、購入して
いる媒体枠、営業管理・MA ツール、場所、静止画や動画素材など

●動画化する対象
製品、サービス、人、コト、場所など

●視聴者
所有している会員や見込客のメールアドレス、各種データ、SNS アカウントの
フォロワー、視聴者との関係性、視聴者のリテラシー、視聴環境など

●環境、文化
会社が置かれている環境。企業文化、企業のらしさ、ブランドなど

●競合
同じ製品・サービス、または同じカテゴリーの製品・サービスを扱う競合

この中で**もっとも影響を与え、制約となるのは「お金」と「時間」です。**この２つが制作する動画の数とクオリティ、使用できる媒体の数と種類、PDCAやフォロー体制などの運用体制に影響を与えます（表1-3）。

お金	時間	与える影響、制約
ある	ある	外注、内製いずれもOK。内製者のトレーニングもできる。多様に制作してPDCAし放題。クオリティもじっくり高めていくことができる。広告配信して再生数も増やすことができる
ある	ない	目的によって変わるが、クオリティを落として本数を多くする。本数を少なくして１本のクオリティを上げる。PDCAを行う余裕はない。お金があればいくらでも外注できる
ない	ある	内製してじっくり取り組む。内製者のスキルが上がればクオリティを高めることもできる。広告出稿は難しく、自社媒体中心になる。低コスト、効率的に運用し続ける必要がある
ない	ない	動画活用は考えない方がよい

表1-3 「お金」と「時間」が手段にもっとも影響を与える

　動画を活用した多くの企業が、「動画がまったく再生されない」という課題に直面します。再生数を稼ぐだけなら、広告を出す「お金」があればすぐに解決できます。お金はなくても時間があれば低コストで動画をコツコツ制作して、効果が出るまで改善することができます。お金と時間の有無が、成果物のクオリティや運用に影響を与えることは動画に限ったことではありませんが、動画の場合はお金と時間以外の要素も絡んできます。

》》》社内で活用できるリソースを確認する

　まず「人」です。動画活用プロジェクトを進めるにあたって、動画制作部署がある企業は大きな効果が期待できます。そうした部署はなくてもメンバーのなかに動画を制作できるスキルやセンスをもつ人がいれば同様の効果が望めま

す。しかし、そうした部署や人材がいない場合は、外注するか動画制作ツールを導入して自分たちで制作する必要があります。

　どの手段を選択するかは、制作する動画の本数や求めるクオリティによっても影響を受けます。社内に動画制作部署があったとしても制作したい動画の本数が大量で、その部署が全社の動画制作業務を担っている場合、自分たちが望むスケジュールやタイミングで制作できるとは限りません。

　制作スキルがなかったとしても、使用する動画制作ツールによっては自分たちが望む動画を制作することができます。簡単に動画を制作できるアプリなどもあり、それらをうまく活用すれば初心者でも簡単に動画制作が可能です。ツールから調達する場合は、動画内容のあるべき状態からの要求と、そのツールを使用する社内の人材のリテラシーや稼働可能な工数、お金（予算）の影響を受けます。

　動画を活用する部署によっては、いままで撮影してWebサイトや広告などに使用してきた静止画や動画素材があるかもしれません。新型コロナにより、現地で撮影ができない問題が起きましたが、動画ではなく製品の静止画（スチール写真）を多数保有していたため、それを使って動画制作した事例がありました。静止画を動画で活用する場合は、テロップなどで情報を補足する必要があり、これもまた動画制作の手段に影響を与えます。

〉〉〉 誰 に 何 を 見 せ る の か を 確 認 す る

　動画化する対象は有形無形さまざまです。手でもって動かせるもの、大きすぎて動かせないもの、画面の中でしか動かないものによって動画化する方法が変わります。重さや軽さ、柔らかさや硬さ、強さや弱さ、早さや遅さといった情報は動画で表現しやすいものですが、**そもそも動画にするより静止画にした方が視聴者に強い印象を残すものもあります。**目に見えず、形のないものを表現することは難しいですが、いくつかのメソッドが存在します。

　その時期にならなければ撮れないもの、そこに行かなければ撮れないものなど、いまこの瞬間のものでなければ意味がないものなどが制約となってきます。

　視聴者の有無や、視聴者との関係性はたいへん重要です。**自社ブランドや製品の熱烈なファンに見せる動画と、まだ自社のことを知らない人に見せるもの**

とでは求められるクオリティが異なってきます。動画で伝えたい内容は同じで
あっても、視聴者が自社の代理店なのか、エンドユーザーなのかでも採用する
手段は変わってきます。

　また、視聴者の製品に対する理解度やリテラシーの違いも影響を与えます。
製品のことをまったく知らない人に見せるものと、製品のエキスパートに見せ
るものがまったく同じであっていいはずはありません。

　視聴者が動画を見るであろう時間、動画を視聴するネットや端末などインフ
ラ・ハードの環境、利用しているスマートフォンのプランなど、視聴者にはさ
らに細分化された多くの要素が存在します。

≫≫ 自社はどのような環境に置かれているかを確認する

　**企業文化やこれまで築いてきた社会におけるその企業の"らしさ"も動画の
内容に影響を与えます。** 目的にもよりますが、視聴者や社員が企業（自社）に
抱いているイメージと著しく乖離している場合、制作した動画は期待したよう
な効果を出すことはできません。また、医療や製薬といった厳しい表記・表現
のルールがある業界は、それが表現方法の制約になります。ルールに反したり
抵触したりする表現をしてしまったりすると、動画を制作し直すといった費用
の無駄遣いが起きてしまいます。

　企業文化やルールは障害になることもあります。もしタイムリーかつスピー
ディーに動画を制作することが「つくる」のあるべき状態であっても、動画に
求めるクオリティが高く、細部にまでこだわって、厳正な審査が必要となる文
化やルールが存在する場合、「つくる」のあるべき状態や手段を選択するときの
制約となります。

　競合他社がどのような動画をつくっているのかも見逃せません。同じ製品を
扱う商社や小売店であれば、他社を上回るクオリティか、クオリティは高くな
くとも視聴者のツボを押さえた内容にするかといった工夫が必要です。

　メーカーが販社向けに販促用動画を制作・提供することもありますが、競合
他社と同じ動画を使うくらいなら、販社ならではの経験や保有する情報を活か
した動画を制作すべきでしょう。もし競合他社よりも規模や営業力が劣ってい
るならば、同じ武器を同じように使用していては競り勝つことができません。

これらの要素は図1-9のように複雑に絡んでおり、武器にもなれば制約にもなり、手段の選択に影響を与えます。視聴者が自社製品のことをまったく知らない場合、視聴者がハッとするような強烈な印象や気づきを与える必要がありますが、そうした企画を考えられる人材とお金・時間の有無が制作方法にも動画を配信する媒体選びにも影響を与えます。

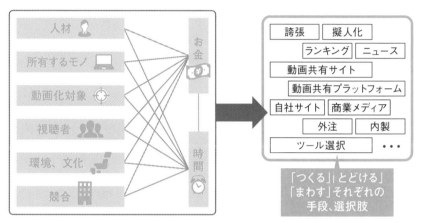

図1-9 手段の選択に影響を与える要素は複雑に絡み合っている

　動画化する対象がもつ情報は、視聴者の属性や状況によって「意味」が変わります。同じ製品であっても、つくり手を重視する視聴者もいれば、機能、価格を重視する視聴者もいます。お金と時間があればすべての視聴者を対象に、製品の情報すべてを動画化できますが、そうではない場合は動画化する情報を取捨選択しなければなりません。

　いま、自分たちが何をもち、何をもっていないのか？　誰にどんなモノゴトのどんな情報を伝えるのか？　自分たちを取り巻く環境や文化はどうなっているのか？　といった要素を把握しておくことが大事です。

　動画は創造性やクリエイティブなセンスがなければ制作できないと思われています。ユニークな企画、目を奪われる編集といった作業は確かに創造性を求められます。しかし、目的に対して、所与の条件や置かれた環境からあるべき状態を定義し、数多の選択肢から自分自身にとって最適な手段を選択することにも創造性が求められるのです。

動画戦略図で
全体を可視化する

>>> 動画戦略図とは？

　目的と成功の定義、動画活用に必要な「つくる」「とどける」「まわす」の3
つのあるべき状態、あるべき状態を実現する多様な手段。これら武器にも制約
にもなる諸要素を1枚にまとめて可視化、構造化したものが図1-10の動画戦略
図です。動画戦略図を書くときのポイントは、**いきなり完成版を仕上げようと
するのではなく、3つのあるべき状態とその手段、そして影響を与える要素を
思いつく限り書き出すことです。**詳しくは次章以降で述べていきます。成功の
定義を実現するためにもっている武器を駆使し、自社の状況に適した手段を選
択し、矛盾のない整合性の取れた戦略を立てていきましょう。

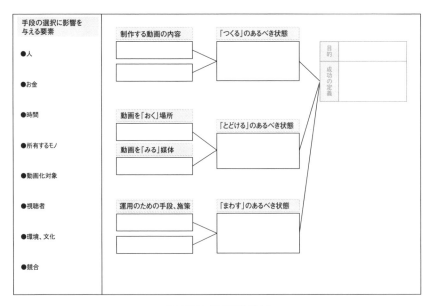

図1-10 動画戦略図

動画活用の基本的な
知識と考え方

Section 01 動画に対する固定観念

>>> さまざまな要素がからみ合っている

　動画をめぐる「クオリティは高くなければならない」「動画は多くの情報を伝えられる」といった**固定観念は、動画制作コストを高くし、視聴者に影響を与える動画を制作できない原因になります**（図2-1）。

　そこで本章では、動画の特徴やコスト構造など基本的な知識と「動画化価値」などの考え方を解説し、成果の出る動画のあり方をおさえます。

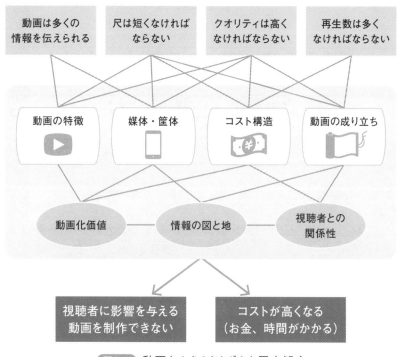

図2-1　動画をめぐるさまざまな固定観念

動画をめぐる
クオリティの考え方

>>> 動画の歴史

　動画に対して、なぜクオリティが高くなければいけないと思ってしまうのでしょうか？　1895年にフランスのリュミエール兄弟が料金をとって映像作品を上映して以来、20世紀はハリウッド映画が隆盛を極めます。映画制作には撮影、照明、音響機材や衣装などの小道具、屋内外のセット、それらを使用・制作するスタッフ、俳優など、多くのヒトとモノが関わります。これら多大なコストを回収するために、全国各地に映画館や映写機が配置されました。これは動画の主戦場が映画からテレビに移っても変わりません。**テレビを放送するための設備投資は莫大で、容易に参入できるものではありませんでした。**

　また、動画の撮影・編集・放送を行うために使用する機材の操作には、専門的な教育や訓練が必要でした。機材自体も高価なため、一般人が手に入れることは難しかったのです。**限られた人々が技能を磨き、専門性を深めることによって、必然的に動画のクオリティは上がっていきます。**こうした経緯で制作され、世に出てきた動画しか、私たちは目にしてきていませんでした。

　テクノロジーの進化とともに、安価でビデオカメラや編集ソフトが手に入り、特別な訓練を経なくても動画の制作・編集に携われるようになりましたが、プロとの技術や知識の差は大きいものです（この差は制作する映像スタイルにも影響してきます）。

　2005年にYouTubeが誕生して以来、私たちは多くの一般人が制作・編集してきた動画を目にしてきましたが、プロの動画の歴史とは約100年の隔たりがあります。この間、映画、テレビ番組、テレビCMなど、動画の種類や尺（長さ）が多様になりました。さまざまな番組の合間に流されるテレビCMでは、短い尺で視聴者の目を引きつける多様な技法が開発されました。プロの動画を毎日のように見てきた私たちは、自らが動画を制作する際にもクオリティが高

くなければいけないと思ってしまうのは仕方がないことなのです。

》》》 多様化する動画の活用目的

　長くテレビを中心に使われてきた企業の動画の目的は、新商品・新サービスの認知獲得や販売促進でした。まだ製品のことを知らない視聴者の記憶に情報を植え付けるには、相当のクリエイティブと量（視聴する回数）を必要とします。何度見られても飽きのこない動画のクオリティは、とくに一般公開するものであれば、高くなくてはならないという意識に傾きます。企業の会社紹介ムービーや採用動画、展示会などの企業ブースにあるモニターで流れる製品紹介動画など、非常にコストをかけていると思われる動画をよく目にします。しかし、現在動画が使われる目的は認知獲得や販売促進に加えて、見込客の育成、営業効率化、顧客満足度向上、顧客離脱防止、採用促進、SEO 向上、SNS エンゲージメント向上など実にさまざまです。これらの動画活用の目的のうち、セールス・マーケティングでは、主に図 2-2 のようなプロセスがあり、動画の重要要素である「制作本数」「視聴者母数」「予算」「制作頻度」はプロセスに応じて変動します。

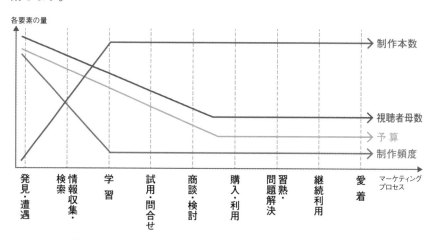

図2-2 マーケティングのプロセスと動画の重要要素の関係

　「発見・遭遇」はさまざまなメディアで配信されている広告を視聴者が見たときのもので、企業側の言葉でいえば認知獲得、新規見込客の獲得になります。

「情報収集・検索」は広告や人づてに聞いた情報を検索したり、展示会などに出かけたりして情報を集める行為。「学習」ではそうして知ったものごとを書籍やウェビナー（インターネットで配信するライブ、またはオンデマンド型のセミナー動画）などで学びます。リテラシーが高まり、製品利用のイメージが徐々に固まってきたら、その製品を提供する企業のセミナーに参加したり、資料請求したり、トライアルしたりします。これが「試用・問合せ」になります。

その後、具体的な「商談・検討」、「購入・利用」と進みます。サブスクリプションモデルが普及したことで、顧客が自社製品の操作や利用に「習熟」し、抱えている「問題解決」をするサポートを行わなければならなくなりました。そこでうまく使うことができ、問題が解決できれば「継続利用」となり、何かわからないことがあれば適切に対応してくれるサポートやユーザーコミュニティなどを通じて「愛着」がわきます。

こうした**動画の目的の多様化は、制作される動画の内容の多様化と同義**です。動画制作のハードルが下がって、見込客育成や顧客満足度向上のプロセスでも動画が使われるようになっている例として、製品利用者のインタビュー動画があります。BtoBや高価格帯の製品の場合は非常に効果的なため、多くの企業の製品紹介・購入ページで見かけるようになりました。見込客が製品について調べ、自社商品に対する知識や理解度の向上のために動画を使用することも増えています。とくに新型コロナ以降はウェビナーの開催・配信数が一気に増えました。また、自社製品について詳しく知ってもらう以前に、その製品が解決する問題そのものを学習するための動画があります（Appendix 03 参照）。

営業・商談時には言葉や文字・静止画では伝わりにくい情報や、サイズが大きすぎてもち込めない製品の特徴などを動画にして、よりわかりやすい情報提供・提案をするための活用方法もあります。また、効果的な営業方法やベストプラクティスの共有といった営業力向上にも活かすことができます。

こうして制作した多様な製品紹介動画や学習コンテンツ動画を YouTube などの動画プラットフォームにアップしておくと、検索結果に動画が表示されるようになります（4-05 参照）。検索結果に動画が表示されることで、ユーザーが知りたい情報にいち早くアクセスできるようになり、アクセスしてくれたユーザーを見込客として育成していく活用方法もあります。

製品を購入してくれた顧客に対しては、製品を使いこなせるような詳しい操作方法などのマニュアル動画や、製品を使って実現できる素敵な暮らしの提案ができます。企業SNSやユーザーコミュニティなどを運用していれば、フォロワーやファンとのエンゲージメントを高めるためのお役立ち情報や限定動画コンテンツなども制作されています。

　このように従来の動画がテレビCMを通して、認知獲得・集客目的で行われてきたのに対し、現在はそれ以外の目的でも動画が活用されています。

》》》 目的とともに変わる指標やコスト

　目的・用途が変われば、成果を測る指標やそこにかけるコストも変わります。これまで認知獲得が主な用途だった動画は動画の再生数が成果を測る指標でした。これは動画視聴がどのくらい購入につながったのかというデータ取得ができなかった、あるいはしてこなかったことにも理由がありますが、再生回数はどの動画プラットフォームでも取得できるデータのため、指標として使いやすかったのです。

　しかし用途が顧客満足度の向上であれば、再生回数は成功を測る指標として適当とはいえません。マニュアル動画やQ＆A動画は、視聴されているほど製品自体がわかりにくいものだったり、営業社員からの説明不足が原因かもしれず、再生数の多さは手放しで喜ぶものではありません。

　ビジネスモデルにもよりますが、多くは認知獲得のための広告にもっとも予算が与えられます。単品通販のように商品点数が少なければ制作本数は少ないままですが、BtoBのように商品の種類が多かったり、製品の使い方や操作マニュアルが必要な場合は、制作本数が増えていきます。また、不特定多数の視聴者に何度も視聴させたい広告の動画と、自社製品を知って製品について学んでいる視聴者に見せたい動画、製品購入客へのアフターフォローの動画では、求められるクオリティも変わります。

　さらに新規獲得のためには毎年あるいは季節ごとに動画の内容を変えていくことが多いですが、操作マニュアルなどの動画は大幅なアップデートなどがない限りは、最初につくったものを使いまわしができます。

　このように目的を明確にすることで、動画活用を効率化できます。

動画制作のコスト構造

>>> 外注する際は企画費・撮影費・編集費が大きい

　新型コロナ以降、リアルなセミナーや訪問商談ができなくなったことによって、これまで動画制作に予算を与えられていなかったところでも動画が必要になってきています。限られた条件・資源で動画を活用するために、知っておきたいのが動画制作のコスト構造です。

　動画のコスト構造は雪だるま式に膨れ上がるようになっています。悩ましいことにどの要素も切り捨てが難しく、できることならアレもやりたい、コレもやりたいとつい思ってしまいます。**動画制作を外注する際の費目は主に企画費、撮影費、編集費の3つです**（図2-3）。

図2-3 動画制作にかかる諸費用

　企画費は、どのような動画にすれば目的を果たせるかを考え、ストーリーやシナリオを練り、絵コンテを描くといった作業が該当します。これらの仕事を

行うのが映像作家やプランナーです。

　企画が決まったら、次は撮影です。動画制作にかかるコストの最大の要因となるのが撮影費です。みなさんが制作したい動画を頭に思い浮かべて、次の質問について考えてみてください。

❶撮影場所は屋外ですか、屋内ですか？　場所は１カ所ですか？　複数ですか？
❷出演者はいますか？　何人ですか？　セリフは話しますか？
❸動画化する商品やサービスに必要な道具や素材はありますか？

　これらの質問は、以下の費目・作業とひもづいています。❶はロケハン（屋外の撮影場所を探す行為）、スタジオ利用、ロケ地への移動（交通費、車両レンタル、ドライバーなど）など。❷はキャストの起用、ヘアメイクやスタイリスト、音声収録など。起用するキャストによってはセリフの有無で費用が変わることもあります。❸は撮影する対象の動画をより魅力的に、よりわかりやすくするために必要になるものです。調味料なら、フライパンや食材、食器など、IT製品なら、PC、デスク周りの小道具などです。

　このように、撮影には多様な要素があり、そこに監督、ディレクター、AD、カメラマン、照明や音声など多くのスタッフが関わってきます。キャストのオーディションを行う場合は当然コストが発生します。

　こうして撮影した素材を最後に編集する際に編集費がかかります。切ってつないで効果音やテロップをつけて、視聴者に見てもらうための完成品にする作業です。ナレーションをつけるのか、どのような音楽をつけるのかといった要素によってコストが変わってきます。

　また、動画の尺（長さ）も重要な要素になります。一概にはいえませんが、60秒の動画と60分の動画では編集に要する時間が異なり、編集に要する時間が長い分、作業者のコストが高くなります。

　制作した動画をより多くの視聴者に一斉にとどけたい場合は、各種媒体への出稿・掲載費も確保しておく必要があります。

　重要なものと捨ててよいものの判断がコスト管理では大切です。

要素の取捨選択の仕方

〉〉〉 細部まで想像力を働かせる

　要素の取捨選択の仕方として、調理器具メーカーのマーケティング担当者が
ある調理器具を紹介する動画を制作することを例に考えてみましょう。まず、
この調理器具にはどんな特徴があるでしょうか？　デザインやメーカーの技
術や素材を活かした機能性など、視聴者に訴えたい情報がいろいろあるはずで
す。見た目の特徴、デザインを紹介するなら調理器具だけを撮影すればいいか
もしれませんが、機能（例：食材がこびりつきにくい、汚れが落ちやすいなど）
を訴求したければ、キッチンで実際に火にかけて、食材を焼いたり炒めたりす
る必要があります。キッチンは社内にあればいいですが、もしなければスタジ
オなどを借りなければなりません。このように**カメラに収めるサイズの広狭に
よって、コストは大きく変わってきます**（図 2-4）。

図2-4 どこまで表現するかによってコストが変わる

　調理器具を使う人、購入してくれるのはどんな人でしょうか？　家族で暮ら
しているのか、単身世帯なのかで使用する部屋が変わります。サイズや調度品
が変われば当然コストに反映されてきます。製品と共に登場する人物のイメー
ジも重要であれば、そのイメージに適うキャストを起用した方がいいでしょ
う。当然ながら著名人であればコストが高くなります。オーディションをやる

にも、コストはかかりまます。出演してくれる社員がいたらラッキーですが、その方が退社されたときの出演動画の扱いについては法務部門に確認して覚書や契約書を交わしておくべきです。

　続いて、ウェビナーを実施する例でも要素の取捨選択の仕方を考えてみます。カメラに収める広狭で必要な準備、コストが変わってきます。ウェビナーのテーマ・内容や視聴者の属性によってはホテルなど設備が整っていて見映えもよい会場にした方がいい場合もあります。せっかくよい場所を借りているなら、話者の背景が広く見えるように収録したいところですが、多くのウェビナーは自社の会議室やイベント用のホールといった自社スペースで収録することになるでしょう。話者の背景が大きく映る場合は、背景に会社ロゴの入ったバックパネル、植栽を準備したり、照明に気を使ったりすることになります。ウェビナー配信用のスタジオをつくる企業もありますが、収録するサイズが広いとどうしてもコストがかかってきます。

　しかし、ウェビナーで話す人物の枠が図2-5のように終始狭いのであれば、背景をあまり飾り立てる必要がありません。話者の顔を明るく照らすリングライトなど最低限の機材・ガジェットで十分ですし、自然光で十分な明るさがとれる場所・時間帯であれば、そうした機材も不要になります。

図2-5 動画のどの範囲を重視するか

　動画制作の金銭コストとそれに伴う作業コストは少しの要素の追加・変更で大きく変わってきます。 動画を配信する目的や、どんな情報を視聴者にとくに届けたいのか？　どのように視聴してもらいたいのか？　こうした視点から、必要な要素を絞り込むことで、コストを抑えることができます。

ファイルサイズと 媒体・筐体の特性

>>> ファイルサイズの影響範囲

　動画のファイルサイズは制作面だけでなく、配信や保存するコストに影響します。**ファイルサイズは、動画の尺（長さ）、解像度、フレームレートによって変わります。** 動画の尺は動画の時間の長さです。解像度は１枚の静止画の画素の密度で、横×縦の画素数で表します。HD は 1280 × 720、フル HD は 1920 × 1080、4K は 3840 × 2160 と表示され、数字が大きいほど解像度が高くなり、細部まできれいに映ります。

　フレームレート（FPS：Frames Per Second）は１秒間に見せる静止画の枚数で、「コマ／秒」で表します。解像度とフレームレートが高くなるほどファイルサイズが重くなり、保存するハードディスクやストレージの容量を圧迫するため、買い足すコストがかさみます。

　また、ファイルサイズは視聴者にも影響を与えます。重い動画ほど視聴するまでの読み込みに時間がかかるので、視聴者がすぐ動画を見たい場合はストレスとなり離脱されるかもしれません。

　したがって、動画の尺、解像度、フレームレートは、動画配信の目的や視聴してほしい人の環境とコストなどから決める必要があります。たとえば、撮影したい製品の細部を見てほしい場合は、高画質にして動画の尺は短くしたり、製品や Web サービスの動きの滑らかさを伝えたい場合はフレームレートを高くしたりします。一方、ウェビナーなどは比較的長くなるので、パワーポイントなどの資料を投影しながらであれば動きは少ないでしょうから解像度やフレームレートは低くして、文字を大きくするなど視聴者が見やすい資料にして、内容をしっかり伝えるとよいでしょう。

　ファイルサイズのコスト問題は動画を配信・保存するシステムによって対応・解決することができます。YouTube などの動画共有サービスを使用すれ

ば、動画の配信・保存コストは無料になります（サービスによっては使用する機能などによって有料になります）。動画を再生・視聴するプレイヤー上で画質を選択できたり、視聴環境に合わせて自動的に画質を落としてくれたりする機能もあります（配信については Chapter 4 で詳述します）。

>>> 媒体・筐体の特性

　視聴者が動画を見るときの媒体と筐体も動画の尺や画質、コストに影響を与える重要な要素です。媒体とは視聴者に動画を届けるための媒介となるもので、たとえばテレビ CM の媒体はテレビ番組となります。かつてのテレビ CM はテレビ番組や街頭ビジョンなどしか媒体がなく、動画は総じて媒体が多くありませんでした。インターネットが普及したいまでは、企業ホームページ、自社ブログ、オウンドメディア、商品購入サイトに加えてメールも貴重な媒体です。ビジネス、エンターテインメント、ライフスタイルなどさまざまな Web メディア、Facebook、Twitter、Instagram などの SNS、YouTube のような動画サイトが生まれ、そこでも動画を配信できるようになりました。テレビ CM がテレビでしか配信されなかった頃と比べると、圧倒的に種類も量も多く存在し（図2-6）、秒数の制限もゆるく、30 秒でも 90 秒でも動画を制作することができます（使用する広告プラットフォームによっては秒数制限があります）。

　筐体とは情報を映し出すための容れ物のことです。テレビ CM なら液晶テレビ、Web なら PC、タブレット、スマートフォンなどが該当します。街頭や建物に設置されているサイネージやモニターなども筐体です。筐体も動画のつくり方に影響を与えます。

　テレビの情報番組を見ていると、手もちの小さいサイズから畳大のものまでフリップボードが頻出します。図やグラフを用いたこれらの「情報」はすべて動画になって視聴者の目に入ります。テレビという筐体ではすべての情報を動画化しなければなりません。

　しかし、PC やスマートフォンなどの場合は、Netflix などで映画やドラマを全画面で視聴するものは除いて、何かしらの Web メディアの中で動画を視聴しています。もともとテキストのみで始まった Web の世界では文字や静止画が先にあって、そこに動画が載ってくることがほとんどです。テキストや静止画で

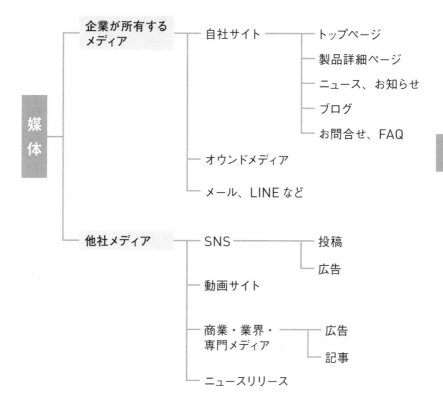

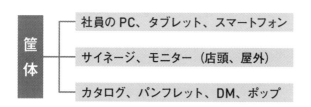

図2-6 媒体と筐体を整理する

すでに情報が表現されていて、それで視聴者に伝えたいことが十分伝わっているなら、それらの情報をわざわざ動画にする必要がありません。

　また、筐体が街頭ビジョンや電車のデジタルサイネージの場合は、音が聞こえない分、視認できるサイズのテロップを、筐体の幅が許すサイズで掲載する必要があります。

情報量が多い
動画の盲点

>>> 何でもかんでも動画にすればいいわけではない

　企業の動画活用が注目され始めたとき、動画制作企業のセールストークの一つに、「動画は文字よりも多くの情報を視聴者に届けることができる」というものがありました。

　他にも、「動画は実際の動きで視聴者を注目させられる」「音楽や言葉でも情報を伝えられるので、伝えられる情報量が多い」「受け手に与える印象が強い」「広告認知や内容の記憶が大幅にアップする」といったものがあります。また、多くの動画制作会社のホームページには、「1分間のビデオには180万語の価値がある」という記事が載っています。

　これは、マーケットリサーチ会社 Forrester Research のジェームス・マッキューブの『How Video Will Take Over The World』が元ネタです。動画の売り文句もこの調査ももっともらしく聞こえます。数値換算すれば間違っていないのかもしれませんが、盲目的に信じるのは、みなさんの制作する動画を失敗に導くことになります。

　その根拠になりえるのは、ダニエル・シモンズとクリストファー・チャブリスという2人の心理学者が行った「見えないゴリラ」という実験です（図2-7）。被験者の学生にバスケットボールの試合のビデオを観せて、パスの回数を数えてもらいます。試合の途中でゴリラの着ぐるみが現れ、カメラに向かって胸をたたくハプニングが予告なく差し込まれます。実験の結果、学生たちはパスを数えることに気を取られ、乱入したゴリラに気づいた人は、半数しかいなかったたそうです。

　この実験は、私たちは「目の前にあるすべての情報を認識できるわけではない」ことを教えてくれます。広告コピー、バナー広告の画像とテキストといった情報の表現形式はさまざまな媒体の制約を受けます。もっとも大きな制約

図2-7 見えないゴリラ（Selective Attention Test）[1]

は面積です。

　新聞の三行広告やサンヤツ広告（新聞紙3段分の高さが8等分された欄）、バナー広告も限られた面積で伝えたいことを表現しなければなりません。

　しかし、動画は時間が許せばいくらでも情報を詰めこめます。アメリカ国立訓練研究所の「The Learning Pyramid[2]」によれば、視聴覚（Audio Visual）の記憶定着率は20％で、読むこと（Reading）の10％の2倍とされています。映像やテキストだけでなく音も入れられるので、やれること、手段が豊富にあります。

　動画はテキストや画像とは比べ物にならないほどの情報量を載せることができますが、凝った映像や効果音などの編集効果に視聴者の注意が逸れ、肝心の伝えたいことが視聴者に伝わっていなければ、元も子もありません。

　何でもかんでも動画化すればいいわけではない。それはコストの制約上、難しいことは説明してきました。**本当に伝えたい情報を、視聴者が注目できるように制作する。そのためには、動画化したい対象のうち、動画でなければ伝わりにくい情報が何かを考え、伝えるべき情報を絞り込むことが必要です。**

　それを考える基準となるのが「動画化価値」です。

※1 https://www.youtube.com/watch?v=vJG698U2Mvo
※2 https://www.educationcorner.com/the-learning-pyramid.html

Chapter

2

動画活用の基本的な知識と考え方

動画でしか伝わらない
動画化価値を考える

>>> 動画化価値とは何か？

　動画化価値とは、テキストや静止画では表現しきれないもの、つまり動画でしか伝わらない、動画にしなければ伝わりにくい情報のことです。動画化価値は、それが視聴者にとって知りたいことや解決したいことに直結していれば、高い制作・編集コストをかけなくても尺の長短を問わず、多くの人に視聴されたりシェアされたり、購入などの行動につながったりします。

　動画化価値には大きく2つの要素があります。**形状や動きに関わる要素と人に関わる要素です。**形状や動きに関わる要素には、温かいごはんから立ちのぼる湯気、ハンバーグを切ったときにジュワッ〜とあふれ出る肉汁、ぐつぐつと茹だったお鍋、透明なグラスに飲み物が注がれたときのカランカランという氷の音と動きなど、食べ物にたくさんあります。

　また、マッサージ器がグイングイン動く様子や、工具が高回転しながら軸がぶれない様子、布団やクッションの弾力性、機能性衣料品の繊維の伸び縮みの様子、揮発性の高い素材が水をはじく様子、ジュエリーのキラキラなど実際のものもあれば、IT システムや Web サービスであればサクサクなめらかに動くユーザーインターフェースなどが挙げられます。

　動画の解像度やフレームレートの解説では、細部を伝えた方がいい情報は解像度を高くし、滑らかさを伝えた方がいい情報はフレームレートを高くするというセオリーをお伝えしましたが、後者を高くした方が製品の特徴がより良く伝わるものは、動画化価値が高い情報だといえます。

　動画化価値の人に関わる要素は、対象となるモノ・コトを使った、触った、体験した人の表情や発した言葉、体の動きといったものです。グイングインと動くマッサージ器に座って、体験者が浮かべる気持ちよさそうな表情や「あぁ〜」と漏らす声、美味しい食べ物や飲み物を口にしたときの表情や目の動き、

テレビの食レポやテレビショッピングなどでよく目にする光景です。こうした情報をテキストで表現しようとすると、多くの文字数を費やしたり、詩的・文学的な表現になったりしてしまう傾向にあります。

　人に関わる要素としておさえておきたいのは、実際にその製品やサービスを開発したり製造したりする人、それをお客様に紹介したり販売したりしている人の肉声や様子です。

　どのような考えや想いでつくっているのか、どのような環境で行っているのか、といった情報はモノに比べると動きに派手さはありませんが、まじめさや親しみやすさなどの人となりやキャラクターを伝えることができ、視聴者からの信頼感や共感を得ることにつながります。

　動画化価値を対象から抽出し、取捨選択することが動画で効果を生み出すために重要なポイントになります。

≫≫ 動画化価値を抽出する方法

● フレームワークを用いて探す

　動画化価値は1つとは限りません。**1つの商品に複数の動画化価値が存在します。**1つだけを選んでも、複数かけ合わせても動画を制作することができます。図2-8のフレームワークを用いると、紹介・販売したい製品にどんな動画化価値があるのか把握することができます。

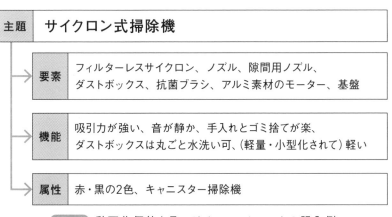

主題	サイクロン式掃除機
要素	フィルターレスサイクロン、ノズル、隙間用ノズル、ダストボックス、抗菌ブラシ、アルミ素材のモーター、基盤
機能	吸引力が強い、音が静か、手入れとゴミ捨てが楽、ダストボックスは丸ごと水洗い可、（軽量・小型化されて）軽い
属性	赤・黒の2色、キャニスター掃除機

図2-8 動画化価値を見つけるフレームワークの記入例

「主題」とは動画をつくるときのテーマです。動画化したい対象の商品やサービス名を書きます。次に、動画化する対象を「要素」「機能」「属性」の3種類に分解します。要素には全体を構成する部分、部品、パーツ、成分などを、機能には使う目的、使い方、手段、性能、効果効能、ベネフィットなどを、属性には色、サイズ、種別、製作年代、産地、メーカーなど記入します。

このときのポイントは情報をできるだけ細かく分解することです。要素か属性かを迷ったら、どちらでもいいので記入してかまいません。たくさん出した情報の中から、もっとも動画化価値の高そうなものをいくつか選び取り、その中からもっともその製品の購入者・利用者が、価値・ベネフィットを感じてもらえそうなものを絞り込みます。

● 擬音語や分量・程度から探す

動画化価値がなかなか出てこない場合は、**「擬音語（オノマトペ）で探す」方法と「分量・程度で探す」方法**もあります。

擬音語で探す方法は、食品では "パリパリ" "ほくほく" "ふっくら" "とろとろ" "カリカリ"、化粧品では "ぷるぷる" "さらさら" "もちもち" などがあります。マッサージ器の揉みほぐしの機能性を伝えるための「"グイングイン"動く」や、アプリの操作性の良さを伝えるための「"サクサク"動く」も擬音語です。こうした擬音語の動画化の事例はテレビCMやテレビショッピング番組を見ていると随所に見られます。

分量・程度で探す方法は、食品では「"こんがり"焼く」の "こんがり" がどの程度の焼き上がりか、「"ぐつぐつ"煮る」はどのくらいの煮込み具合かを伝えてあげるべきです。

肥料を「"サッ"と撒く」といったような表現の場合は、どのくらいの力加減や勢いで撒けばいいのかがわかりにくいです。介護用の手すりなどで、「"グッ"と力を入れても大丈夫」の "グッ" も、全体重をかけても大丈夫なのかといった度合いがわかりません。この力の入れ具合、かかり具合といった情報が動画化価値となります。こうした**機器の操作の仕方、道具の使い方、食品のつくり方（レシピ）といった動画では、分量や程度に関する情報の動画化価値が高い**です。

また、一見動きがないように思える対象でも、人が対象に働きかけることで動画化価値を生み出すことができます。たとえば、通販サイトでよく見かける蟹の脚に身がギッシリと詰まった断面の画像があります（図2-9）。この断面だけでは動画化価値は高くないので、静止画で表現した方がよいでしょう。しかし、蟹の脚から中の身を"ベロンッ"とかき出す動きは動画化価値が高いです。中の身のハリややわらかさが伝わってきます。

　このようにさまざまな方法で動画化価値を抽出していくわけですが、それでもなお動画化価値の高い情報が出せない場合はそもそもその対象が動画化に向いていないといえます。テキストや画像で伝えた方が適切と判断すれば、無理に動画化する必要はまったくありません。

図2-9 動画化価値の高くない蟹の脚の断面

>>> 動画化価値の選択方法

　抽出した情報のうち、どの情報が動画化価値が高くて期待する効果が得られるかは、実際にその動画化価値を動画にして配信をしてみなければわかりません。しかし、**選択した動画化価値を「どのようにして表現するか？」によって、同じ動画化価値でも得られる効果は大きく変わってきます。**

　さまざまな商品のテレビショッピング番組を手掛けるショップジャパン社では、吸引力が強く、片手で軽々と扱うことのできるハンディ掃除機を売り出していました。動画化価値の高い情報としては、吸引力の強さや軽さがありまし

たが、同社が制作した番組では吸引力を動画化価値として選択しました。

「吸引力が強い」ことを動画で表現するために、カーペットやフローリング、畳、ペットが汚した場所など、使用する床の種類、「場所」を選ばない映像にしました。しかし、これが期待していたようには売れません。

そこで、リサーチャーやマーケターを購入者のお宅に派遣し、ヒアリングや観察を重ねた結果、掃除機を「使用する場所」から「吸うゴミの種類」の映像に変えることにしました。台所に落ちる食材のくず、食卓付近の食べこぼし、ベッドやカーテンの下、階段の綿ぼこり、髪やペットの毛など、さまざまなゴミをすいすい吸い取る映像に変更したところ、売上が一気に伸びたそうです。

どの動画化価値が当たるのか？ そしてそれをどう表現すれば効果が出るのか？ さまざまな動画化価値と表現の方法がある中で、1本目につくった動画で効果が出れば幸運です。

企業が制作する多くの動画は1本制作して効果が出なければ、動画活用施策を終えてしまいがちです。しかしそもそも最初からうまくいくことは難しいことを認識しておくべきです。

トイレ製品1つをとっても、水垢がつきにくい素材がいいのか、掃除しやすい構造がいいのか、飛沫汚れを軽減する泡がいいのかは、やってみなければわかりません。3つの特徴をA→B→Cの順番で紹介する場合、Aの段階で視聴されなくなるとBとCの特徴を見てもらうことはできないので、一動画一特徴を目指すべきです。

しかし、多くの動画をつくるとコストがかさみます。1本の動画をできるだけ短くし、構成（カット数や秒数）は同一のものを使用して、できるだけ型化（テンプレート化）することで（3-11参照）、複数本の動画制作のコストを抑える方法があります。

情報の「図」と「地」で価値を絞り込む

>>> 情報の「図」と「地」とは何か?

　複数出た動画化価値から１つを選び取り、よりその情報が期待する効果を得られるよう表現するときに役立つ考え方に情報の「図」と「地」があります。**ある物が他の物を背景として全体の中から浮き上がって明瞭に知覚されるとき、浮き上がるものを図といい、背景に退くものを地といいます。**物を情報に置き換えると、地が情報の背景や文脈、図が背景や文脈によって変わる意味と捉えることができます。地が分母で図が分子というイメージでもよいです(図2-10)。

　背景や文脈によって情報の意味が変わるということは、ある製品・サービスの特徴が、その製品を使う人や使用するシチュエーションによって感じる価値が変わることを意味します。たとえば企業でITシステムを使用する人のリテラシーによっても、そのシステムを単独で使用するのか、他のシステムと連携させて使用するのかによっても、"使い勝手の良さ"の意味や価値は変わります。価格の安さという情報も、予算を多くもつ部門と少ない部門とでは意味が変わりますし、システムを利用する部署の責任者が感じる価格と、会社全体のコストを見ている責任者が感じる価格とでは感じ方が異なってきます。

図2-10　情報の図と地で整理した掃除機の機能

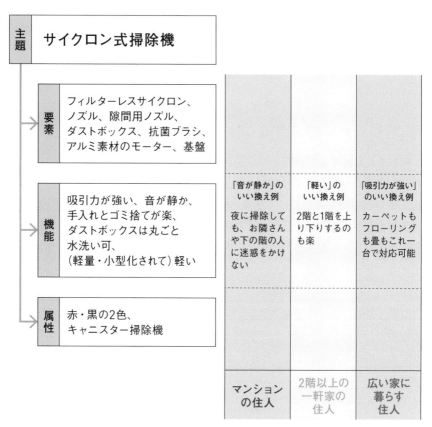

図2-11 情報の図と地を考慮した動画化価値の抽出記入例

　動画化価値を絞り込むうえで、情報の図と地の考えを動画化価値の抽出で使用したフレームワークに加えてみると図2-11のようになります。左側に主題を分解したフレームワークを置き、右側に考え得る複数の「視聴者」を「分母」に置きます。そして、要素、機能、属性に分類した言葉を、その視聴者にとって価値のあるようにいい換えるのです。

　ここでは記入例として、サイクロン式掃除機を主題に、機能にのみ焦点を当てて示しています。同じ機能であっても、視聴者が異なると対象の意味や感じる価値が違うことがわかります。情報の図と地は、提供側の思い込みに気づかせてくれるきっかけにもなります。

Section

09 | 視聴者との関係性を把握する

>>> 関係性と文脈でコストも変わる

　視聴者との関係性や文脈は動画の内容やクオリティに大きな影響を与えます。**視聴者との関係性とは、自社や自社製品と視聴者との間でどのようなコミュニケーションを取り、いまどんな状態にあるかを指します。**広告を見たことがある、ホームページを見たことがある、資料請求や問合せをしたことがある、メルマガを取っている、営業社員や店員と会話をしたことがある、製品を購入したことがあるなど、関係性はいろいろな行動によって築かれます。**文脈とは、視聴者が動画を視聴する際の状況やその背景・目的、視聴前後で起こるさまざまな出来事のつながりを指します。**この関係性と文脈が、どのように動画の制作コストやクオリティに影響を与えるのかを考えるためのバロメーターが図2-12 です。

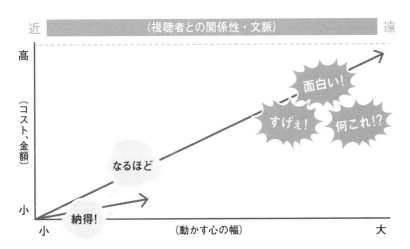

図2-12 視聴者との関係性が動画の制作コスト・クオリティに影響する

横軸が上下に2つあり、下の横軸は動画の視聴者の心・感情の幅です。右にいくほど動かさなければいけない幅は大きく、左にいくほど幅は小さくなります。上の横軸は視聴者との関係性と文脈を示します。右にいくほど関係性は遠くなり、左にいくほど近くなります。

　文脈は近さ・遠さだけではその程度を表現できないので、ここでは文脈に合っているかいないか、沿っているかいないかという捉え方をしてください。左側にいくほど合っていない・沿っていない、右にいくほど合っている、沿っているとなります。縦軸は、動画を制作するためのコスト（時間や金額）です。

　この図を認知獲得を目的とするテレビCMに当てはめて考えてみましょう。みなさんがテレビCMを視聴するとき、お目当てのCMを見るためにテレビの前にかじりついているということはないでしょう。見たいドラマやバラエティ番組があって、その合間にCMが流れてくるはずです。つまり、視聴者の見たい番組があるという主目的に対して、割って入りこんでくるのがCMです。CMは視聴者の文脈から離れているといえます。

　文脈が合っていない状況で、商品やサービスに注目してもらうためには、視聴者の耳目を奪う工夫が必要です。旬のタレントを起用する、見たことのないロケーションで撮影する、人気ミュージシャンの音楽を使用する、イケてる編集効果を施すなどで「うわ、すごい！」「かっこいい！」「面白い！」といった感情を視聴者に起こさせる必要があります。

　また、ある時期にいたるところでその動画を見せるわけですから、視聴者がイヤにならない、不快にならない、見ていて楽しく飽きないようにしなければなりません。こうした動画制作にはセンスやクリエイティビティを要します。その道のプロに発注するには当然コストがかさんできます。

　逆に文脈が合っている状況を考えてみます。「最近、新聞やテレビでDX（デジタルトランスフォーメーション）という言葉を目にするようになった。会社でも社長の年頭挨拶でDXを進める話が出ており、自分でもDXというワードについて検索してみた。そんな折、Twitterを見ていたらDXについてのウェビナーを告知する動画が流れてきた――」。このように視聴者が置かれている環境や背景に沿って動画が流れているとき、文脈が合っている、といえます。

　文脈が合っているとき、いい換えれば自分がそれとなく求めていた情報に出

合えたとき、視聴者は「これだ！」と感じます。このときの動画で動かなければいけない視聴者の心の幅は、文脈が合っていない状況に比べてずっと低くてかまいません。その動画に出合うまでにさまざまな情報に触れているなら、旬のタレントを起用したり耳目を奪ったりするような映像効果を施さなくても、視聴者の目に留まります。

　この文脈づくりはマーケターの腕の見せどころです。自分たちの製品が最終的に購入されたり、資料請求されたりするといった目標を実現するために文脈をつくり、その手段の１つとして動画を使用するわけですから、動画のことだけを考えていてはダメで、その**動画がどういう文脈で視聴されるのかという観点から動画を企画・制作しなければなりません。**

>>> 関係性と動かす心の幅

　視聴者との関係性と動画で動かす心の幅の関係も文脈と同様です。視聴者との関係性が近ければ、動かさなければいけない心の幅は小さく、関係性が遠ければ心の幅が大きくなります。自社製品のこと、新商品のことをまったく知らない視聴者は、自社との関係性がもっとも遠いところにあります。

　製品に興味をもって製品詳細ページを閲覧したり、製品の資料請求をしたり、メールマガジンの購読や自社の SNS アカウントや YouTube チャンネルをフォロー・登録してくれていたら、視聴者との関係性はとても近くなっています。インサイドセールスや営業社員、お客様窓口担当者と電話やビデオ、あるいは対面で会話していれば、さらに近づいているでしょう。

　関係性が遠いときは、自分たちの存在に気づいてもらうために、派手な演出を施した動画を制作します。しかし、メール送信の許可を得ている人に送る製品紹介動画や SNS のフォロワーに届けるお役立ち動画、見込客への製品プレゼン動画など、関係性が近くなっている視聴者に見せる動画は、「すごい！」「なんだこれは!?」と思わせる必要はありません。「そうなんだ」「なるほど」「これいいね」といった感想で十分です。

　動画を企画・制作・発注するときは、目的と視聴者との関係性や文脈から、必要にして十分（Good Enough）なクオリティの基準をもつ必要があります。

動画には2種類の
クオリティがある

>>> テクニカルなクオリティ

　美しい映像、面白い企画、ハッとする演出などを見て、私たちは「クオリティ
が高い」と感じます。では、動かさなければいけない視聴者の心の幅が小さい
場合、クオリティは低ければいいかというと、そうともいえません。そもそも
クオリティという言葉の意味がたいへん曖昧です。動画活用を命じた上司が完
成した動画を見て、「これクオリティ低くない？」といったとしても、確固たる
基準があってそういっていることはほとんどありません。

　ビジネスでクオリティという言葉を使うとき、私たちは「製品の品質」を思
い浮かべます。たとえば自動車のクオリティは、A地点からB地点へ移動でき
ること、長時間乗車しても疲れないシートであること、少々のでこぼこ道の衝
撃を吸収してくれること、燃費が良いことなどの要素が思い浮かびます。

　また、一般的には何か基準となるものと比較してクオリティが高い・低いを
考えます。ビジネスで動画活用する場合、多くの人は生活の中で頻繁に目にし
てきたテレビCMやテレビ番組を基準としています。古い世代ほどこの傾向は
顕著で、新しい世代はYouTubeやTikTokなども基準にしています。

　企業そのものや製品を紹介する目的でテレビCMがつくられているわけです
から、何か動画をつくろうと思ったら「あのCMのような」と思い浮かべるの
は当然のことです。テレビCMがその製品に興味のない視聴者の注意を惹くた
めに、プロが技術や専用機材を駆使して制作しています。魅力的に製品を伝え
るためのシナリオや構成、対象を引き立てるための照明や音声、小道具などを
使ったさまざまな演出など**CMのクオリティとは数多くの諸要素を高いレベル
で実現したものの集合体**です。テレビCMは動画のクオリティの最高峰であり、
私たちがクオリティが高いと感じるものはそうした高みにある「技術」にある
といってよいでしょう。本書ではこれを「テクニカルなクオリティ」とよびま

す（図2-13）。

　では、こうしたテクニカルなクオリティが高くないと、動画を制作・活用して目的が果たせないかというと、そんなことはありません。動画を使用する目的や関係性によって、動かさなければいけない視聴者の心の幅は変わります。**関係性や文脈が低い場合は視聴者の注意を惹きつけるテクニカルなクオリティが必要ですが、関係性や文脈が高い場合はテクニカルなクオリティが高くない動画でも十分に効果を出すことができます。**ただし、カメラに収めた映像がブレブレで、音もちゃんと入っていなくてもよいという意味ではありません。テクニカルなクオリティとは異なる、別種のクオリティがあります。それが「オーセンティシティ（Authenticity）」です。

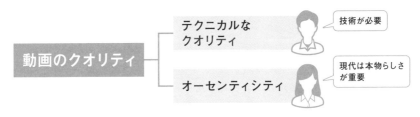

テクニカルな
クオリティ
　技術が必要

動画のクオリティ

オーセンティシティ
　現代は本物らしさが重要

図2-13　2種類の動画のクオリティ

≫≫ なぜ素人がつくったような動画が注目されるのか？

　オーセンティシティとは、必ずしもクオリティが高いとはいえない、素人がつくったような動画がYouTubeで何十万、何百万回も再生されている事象に注目した、当時YouTubeのトレンド＆カルチャー部門の統括責任者を務めていたケビン・アロッカが提唱した概念です。アロッカは『YouTubeの時代』（NTT出版、2017年）で、YouTubeでバイラル（視聴者から視聴者へシェアされ、ウイルスのように拡散していくさま）する動画には、テクニカルなクオリティが高くないものが多いといいます。奇をてらった再生回数目当ての過激で社会的に迷惑な動画ではなく、いまや日本でも多く見られるようになった食玩などの「開封の儀」（開封から玩具のレビュー）、ビデオゲームの実況動画など、さまざまな種類の動画を紹介し、それらの動画のほとんどはアマチュアが制作しているものだと分析しています。

照明技術や編集技術などが決して高くない動画がバイラルする理由を、アロッカは**アマチュアたちが自然にもつ「誠実さ」**から生まれたと指摘し、こうした動画が共通してもつ特徴を「オーセンティシティ（本物らしさ）」と表現しました。オーセンティシティが求められる・評価されている背景には、視聴者が日々目にするテレビ CM や動画広告などの誇大表現やつくり込み過ぎた動画に対する不信感があると彼はいいます。**つくり込むことによって視聴者に「それは本当なのか？」という疑念を抱かせるパラドックスが起きている**というのです。

　グラミー賞や YouTube アウォーズを受賞するなど、高い評価を受けるミュージックビデオを連発するアメリカのインディーズロックバンド「OK Go」のメンバーであるダミアン・クーラッシュは自身のビデオをつくるとき、ライトやカメラ用台車の映り込みを指示するそうです。そうした指示は、カメラクルーには不評です。そんなものがビデオに映りこんでしまうのは素人のやる失敗だからですが、デジタル技術の進化によって現実と CG の境界線がますますぼやけているなか、人々に注目してもらうために、「これは現実なのだ」ということを伝えなければいけないのだとダミアンはいいます。

　筆者はオーセンティシティという概念に出会うまで、つくりこんでいない（つくりこむことが技術的、機材・ソフト的にできない）動画のことを「素人の手づくり感のある」というやや後ろ向きな表現をしていました。しかし、そうした動画がテクニカルなクオリティが高い動画よりも多く視聴されたという経験を幾度となくしています。

　あるオフィス家具メーカーが多額の予算を投じ、外注して制作した高機能ビジネスチェアの動画がありました。人間工学に基づいた設計と、それを支える素材や機構といった高いスペックを伝えるために CG を駆使し、モデルも起用して伝えようとしましたが、そのメーカーの YouTube チャンネル登録者数の割合からは、期待していたほどに再生されませんでした。それに対し、その製品を販売する商社の営業社員が、自分でその椅子を使って座り心地などのレビューをした動画は、同社の YouTube チャンネル登録者数の割合からすると、メーカーの動画よりも再生数は多く、取引先や新規客からの問合せの獲得・販売につながったということがありました。

観光でも似たような例があります。ある自治体がプロに依頼して制作した四季折々の美味しそうな食事、お祭り、観光名所を4Kカメラやドローンなどで撮影して制作したシティプロモーション動画を、Facebookにアップしても三桁前半くらいしか再生されないのに対し、地元の知る人ぞ知るおにぎり屋のおばあちゃんのおにぎりができる様子を、スマホの動画アプリで撮影した動画を同じくFacebookにアップしたところフォロワーにシェアされ、1万回以上再生されたこともありました。撮影対象は異なるとはいえテクニカルなクオリティよりはオーセンティシティのある動画の方が再生数が多いという例です。

　また、筆者の知人であるSharlaさん（YouTubeチャンネル：Sharla in Japan）は、日本の食パンがいかにやわらかくて美味しいかを、自宅の一室で照明機材も使わずワンカット（長い間カメラを回し続け1つのカットに収める撮影手法のこと）で撮影した動画をアップしたところ170万回以上再生されました[※3]。当時は自身のYouTubeチャンネルの登録者数は少なく、シェアされ続けてこの再生回数に至ったということでした。製パン、製菓企業のYouTubeチャンネルを見ても、広告を使わずにこれだけの再生回数のある動画はなかなかお目にかかることはできません。

　これは単なるビギナーズラックではなさそうです。2020年当時、一般ユーザーが撮影したInstagramの写真や動画を企業が購入できるプラットフォーム「Snapmart」の代表・岡洋介氏にうかがった話で、オーセンティシティが求められているのは動画だけではない事実を知りました。ある若年層向けアプリを運営する企業が、アプリダウンロードのためのバナー広告をSNSで配信するために、Snapmartで画像を数点購入して配信したところ、もっともクリックされた画像は、修学旅行の途中に仲のいいクラスメイトがワーッと集まって撮影した素人感丸出しのもので、一方プロが撮影した画像の方がクリック率が低かったようです。岡氏はこうしたSnapmartで売買される傾向の高い画像のことを**「ユーザーとの距離感が近い・共感できるクリエイティブ」**と表現していましたが、これもオーセンティシティが求められている現れといえそうです。

※3 https://www.youtube.com/watch?v=vRng-8fyQml

制作者と視聴者の距離が縮まっている

>>> 動画制作人口が増えている

オーセンティシティが支持される背景には、動画の制作者と視聴者の距離が縮まっていることも影響しています。 高度な技術や機材がなければ動画制作ができない頃の制作者と視聴者の距離は非常に遠かったのですが、現代は安価あるいは無料の動画制作ソリューションが出てきたことで、高度なスキルや知識を習得していなくても動画が制作できるようになりました（図 2-14）。

いままでは趣味で動画をつくっても家族や友人・知人に見せるか、何かのコンテストなどに応募・投稿するくらいしか見せる場がありませんでしたが、YouTube や各種 SNS などの登場によってアマチュアがつくる動画を目にする機会も一気に増えました。

距離感
動画制作スキルの習得や機材の購入コストの高さ
制作者

視聴者

  YouTube
テクノロジーの進化で
動画がつくりやすくなる

プロ・玄人
制作者
距離感
アマチュア
制作者

視聴者

※アマチュア制作者は視聴者でもある

図2-14 動画制作者と視聴者の距離の変遷

いま、制作者と視聴者の距離はとても近づいています。視聴者はいつでも制作者になることができます。高度な撮影・編集・演出・構成の技術はありません。

テクニカルなクオリティは高くありませんが、むしろ**プロがもっている当たり前、様式、ルールから外れた、まったく新しい表現が続々と生まれています。**商品のパッケージを開けてひたすらレビューするといった動画や楽曲に合わせて口パクするだけの動画が、テレビ中心の世界で見ることができたでしょうか？　多くの人に受け入れられて多く再生されたでしょうか？

続々と生まれる表現には、「その発想はなかった」「それしかできなかったから」といったものから「そんなものはマスのニーズにはなかったのでスポンサーもつかず撮影しても仕方なかった」というものまでさまざまです。

これまで限られた人にしか制作できなかった動画の制作人口が増え、限られた人の間で信じられていた表現以外のテクニカルなクオリティは高くなくても、視聴者の琴線に触れたり課題を解決したりする動画を目にするプラットフォームが増えました。これも、必ずしもテクニカルなクオリティの高い動画が再生されず、クオリティは低くても再生され、視聴者の行動を促す動画が出ていることに影響しているでしょう。

〉〉〉 オーセンティシティは意図的につくれるか？

オーセンティシティは定量的に測ることが難しく、どのような要素が入っていれば、または入っていなければオーセンティシティがあるといえるのかを説明・体感するのが難しい概念です。素人がつくった動画なら何でもいいかというと、そういうわけではありません。

そこでおすすめしたい考え方は、**メーカー視点とユーザー視点の2つをもって動画に向き合う**ことです。一般的にメーカーが制作する動画は、開発した製品のスペック情報を伝えたがります。

従来製品に比べ、速度や回転数、燃費などが何％アップしたとか、何グラム軽くなったとか、充電時間が何時間長くなったといった情報です。また、売上の最大化を図るため、Ａさんのこんなニーズにも、Ｂさんのあんなニーズにもというふうに、できるだけ購入者層を広くとって制作します。スペック的な情

報と多くの人に通用するような内容の動画は、一人ひとりの生活者との距離が遠くなってしまいます。

　しかし、私たちが何か製品を購入するとき、メーカーから直接購入するよりも、卸売を介し、小売店で購入することのほうが多いでしょう。この**生活者に近い存在の視点にオーセンティシティのヒントがあります。**

　小売店・販売店は、メーカーに比べて生活者の属性を絞り込むことができます。同じ商品でも、あるスーパーに多いシニア層を対象にするものと、専門メディアの読者層を対象にするものとでは、訴えるべき動画化価値が変わってきます。「大勢のあなた」ではなく、「目の前のあなた」に向けて制作した動画にはオーセンティシティが生まれやすくなります。

　先に紹介したオフィス用の高機能椅子を例にとると、メーカーが制作する動画は、使用されるオフィスの雰囲気や規模にかかわりなく購入してもらうため、椅子と机以外は何もない場所で撮影し、背景を真っ白に加工します。机にはPCや文房具類もマグカップなども置いていません。オーディションを経て起用した女性モデルが座り心地を実演してみせています。

　一方、小売店や卸売店はそれぞれの顧客の属性に応じて、動画を制作することができます。「座り仕事の多い女性社員」を対象にするなら長時間座っていても疲れにくい構造を説明する動画を、「腰を痛めている男性社員」を対象にするなら腰に負担のかからない構造を説明する動画を制作します。ここで重要なのは、そうした動画をクオリティ高く制作・編集できないため、動画化価値の高い情報を絞り込み、その部分だけを30秒の短尺に収めます。

　そして、それぞれの動画化価値で訴える属性の社員を動画に起用します。撮影する場所はその小売店や卸売店の日常感漂うオフィスです。そうした環境で制作された動画には、「つくり込まれた感」は出てきません（最近では、つくり込んでいない動画を“つくり込む”という流れも出ています）。

　パーソナルかつ動画化価値の高い情報を、与えられた環境と手持ちの素材で制作することが、視聴者の共感を生み、行動を促すオーセンティシティのある動画になります。

テクニカルなクオリティ
とオーセンティシティ
の関係

〉〉〉 動画がよく視聴されるポイント

　テクニカルなクオリティの高い動画制作のための予算がなくても、マーケティング施策などで視聴者との関係性や文脈を近づけ、オーセンティシティのある動画を配信することで、再生されたり視聴者の行動を促したりすることができる例を見てきました。クオリティの高さが再生数や成果に比例するものではないことをふまえて、動画制作に取り組んでください。

　ここで動画を制作する際に、どのような目的のときにどのようなクオリティを求め、どのような媒体で配信すればいいのかを整理しておきましょう。

　オーセンティシティの例をいくつか紹介しましたが、これらの動画が多く視聴されているポイントには以下のようなものがあります。

- 視聴者との文脈や関係性が近い
- 制作者と受信者の距離が近い（技術的な差が小さい）
- 動画が関係性の近い媒体（SNSやメール）で配信されている

　これをふまえて、動画配信の目的のプロセス、動かす視聴者の心の幅、動画のコストを整理すると図2-15のように考えることができます。**視聴者との関係性や文脈が遠くて動かす心の幅が大きいときはテクニカルなクオリティの高い動画を制作し、視聴者との関係性や文脈が近くて動かす心の幅が小さいときはオーセンティシティのある動画を制作する**、という方針をもつことができます。

　「目的」もクオリティを判断する基準になります。一般的に、新規の見込客を獲得したり、まだ自社や自社製品のことを知らない人々に認知してもらったりする場合、そうした人々と自分たちの関係性は遠いものです。

BtoBや高価格帯の商品の場合、認知獲得の後に見込客育成というプロセスを経ます。この中で見込客に対して情報や知識、体験の提供を通じて、自社製品への理解を促進したり、関係性を深めたりしていきます。

　見込客がそのプロセスから離脱しなかった場合、自社製品への興味関心をもち続けてくれている、注目し続けてくれているということです。このような状況にある見込客に対して、テクニカルなクオリティの高い、視聴者の注意を惹きつけるような動画は必要ありません。

　また、SaaS製品や通販の定期便などのように、一度製品を購入してくれた顧客に対しても、コストをかけてテクニカルなクオリティの高い動画をつくる必然性はそれほどありません。

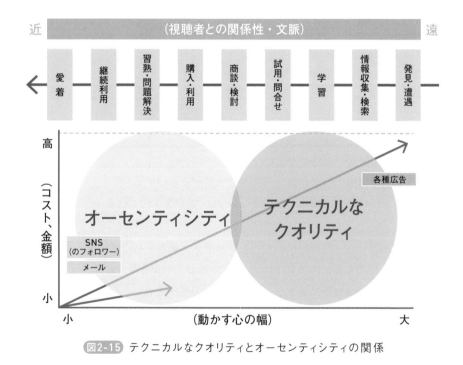

図2-15 テクニカルなクオリティとオーセンティシティの関係

≫≫ 配信する媒体や尺の長短からも検討する

　動画を配信する媒体も重要な基準になります。Webメディアなどの動画広告枠に出稿する場合、媒体によって動画の尺が規定されます。15秒や30秒などの**短い動画であれば、最初の数秒で視聴者の注意を惹かねばならないため、編集技術や企画などテクニカルなクオリティを求めるべきです。**

　動画の尺の長短も視聴者との関係性を軸に決めることができます。視聴者との関係性が近ければ、動画は長くても視聴されます。

　視聴者との関係性が遠ければよいほど視聴者の興味関心や課題に即したものでなければ、それが短尺動画であったとしても初見でブラウザを閉じられるか、別のコンテンツを見にいくでしょう。

　視聴者との関係性が近かったとしても、ちょっとしたニュースコンテンツであれば、短く済ませた方がよく、なんでもかんでも長尺でよいとはいい切れません。また、制作側が尺を長くしたくても配信するプラットフォームの仕様によってはそもそも尺が決められていることもあります。

　Facebookの調べでは、**ユーザーが1コンテンツ（投稿や広告）を画面上に表示させて視認する時間は、PCで2.7秒、モバイルで1.7秒**といわれています。動画を配信するなら、この秒数内にユーザーがマウスや親指でタイムラインをスクロールする動きを止める構成にする必要があります。最初の1〜2秒が勝負です。ここで視聴者のスクロールを止めることができなければ、尺が30秒でも60秒であっても意味がありません。

内製・外注の核は動画戦略

「動画は多くの情報を伝えられるのでとにかく動画をつくろう。でも、クオリティが高くて、尺も短くしないと見てもらえない。自分たちでつくれないからコストがかかっても仕方がないので外注しよう」。

外注される多くの動画はこのような考えでなされています。全体のマーケティング戦略の中で、**制作する動画がどのような機能・役割を担い、動画化する対象がもっている情報のうち何が視聴者の行動を促す要因になるのか、**といった動画戦略の欠如はよい結果を生みません。

動画に対する誤った固定観念をもったままでは、外注するにせよ内製するにせよ、視聴者に影響を与える動画を制作することはできません。

- 動画を制作する目的は何か？
- 視聴者はどんな人か？
- その人は動画化する対象のどんな情報に価値を感じるか？
- 視聴者は自社とどんな関係性にあるか？
- その動画はどのようなクオリティを目指せばよいか？
- どんな文脈で、どの媒体で視聴してもらえばよいか？

こうしたことを考えることで、内製するのであれば動画を制作するための指針になり、外注するのであればそれが精度の高い要件定義となります。

Chapter

3

動画を「つくる」

動画を「つくる」
企画・構成のメソッド

>>> 際立たせるためのメソッドと伝えるためのメソッド

　動画活用の戦略を描くために必要な3つのあるべき状態の内の1つである「つくる」では、動画の内容、企画や構成を定義し、それを実現するための手段を選択します。「つくる」の手段には表3-1に示すように数多くの企画・構成のメソッドがあります。これらを知っておくと、動画を内製するにせよ外注するにせよ、動画制作の漠然としたイメージがぐっと具体的になります。

　メソッドは大別すると2種類あります。1つは**視聴者にもっとも知ってもらいたい、強い印象を与えたい情報を「際立たせる」ためのメソッド**。もう1つは、それらの**情報をわかりやすく「伝える」ためのメソッド**です。際立たせるためのメソッドには「誇張」「擬人化」「置換」「比喩」「比較」などが、伝えるためのメソッドには「いってかえる」「やってみた」「インタビュー」「ニュース」「ランキング」「テレビショッピング」などがあります。際立たせるメソッドを複数かけ合わせたり、「擬人化」した人物を「インタビュー」するという**2種類のメソッドを組み合わせて動画の企画と構成を考えることができます**。

　メソッドを目的に直接結び付けようとすると、メソッドの選択を誤ることがあります。目的によって適性や向き・不向きがあります。たとえば、商品の販促をしたいときは「テレビショッピング」が有効ですが、商品の利用方法を伝えるのには不向きです。まだ誰も知らない、わかりにくい製品の特徴を印象的に伝えるには、「喩えるならこういうこと」と表現する比喩が有効ですが、類似製品と比較検討する際には「比較」のメソッドが適しています。

　また、**動画化する対象や対象がもっている動画化価値、視聴者との関係性もメソッドの選択に影響を与えます**。ITシステムなど無形の製品を動画にして、その機能性や特徴を伝える場合は、無形のものを「有るもの」として表現する擬人化のメソッドが適しています。視聴者との関係性が遠いときは有名なタレ

際立たせるためのメソッド		
誇張・諧謔		誇張は製品の機能を大げさに伝え、視聴者の注目を集めるのに適する。誇張のしすぎに注意。ユーモアを忘れずに。諧謔はコント、ダジャレなどのユーモア・笑いで表現する
擬人化		形のない、目に見えないソリューションを伝えるのに適する。アニメーション・CGに限らず、実際の人でも表現可能
比喩	直喩	製品の機能や特徴を、数値データではなく、社会や自然界にあるものごとを借りて伝える
	暗喩	メッセージ性を強く押し出したいとき。強制的に視聴させられるメディアでの配信を推奨
遊技・競技		製品を使用することをゲーム化・スポーツ化したり、ゲームやスポーツのルールや行為を借りたりして製品の特徴を説明する
収集		製品のバリエーション、用途の広さを伝えるのに便利で効果的
置換		使用する側の視点と使用される側の視点を入れ替えることで、製品の効果をより印象的に伝えることができる
模擬		製品の導入シミュレーションとしても使用可能。比較や図解メソッドとの相性が良い
拡大・縮小		製品の細かな動き、精巧など特徴を伝えるのに有効
逆転・順転		プロセスを早回し、巻き戻しで伝える
図解		グラフ、チャートの変化を動的に見せることで、信頼性を向上させる
比較		旧来製品や他社製品と比較することで製品の機能性などを印象的に伝えるのに効果的

伝えるためのメソッド	
インタビュー	事例紹介、お客様の声、担当者の想いなどを伝えるのに有効。本人の声で語ってもらうことで信頼を得る
テレビショッピング	EC、店頭販売など販売促進に使用可能
プレゼンテーション	パワーポイントの資料などを用いた提案、解説。短尺では収まらない内容、ウェビナーなどに適する
ニュース	新製品、機能のアップデートなどに適する
ステップ	製品の操作方法、取扱いマニュアル、お手入れなどの情報を伝えるのに適する
ランキング	何が人気の製品、プランなのかを見せることで、視聴者の意思決定を支援する
いってかえる	ユーザーの負を解消するために製品がいかに役立つかというストーリーを考える際に役立つ
やってみた	商品レビュー、イベントレポートなどに適する

表3-1 動画を「つくる」主なメソッド一覧

ントを起用して、コント仕立てのストーリーにした方が注目してもらいやすいですが、製品を知ってもらって視聴者との関係性が少し近づき、その品質などについて信憑性をもたせて視聴者の信頼を得たいときは、自社の営業社員やインサイドセールス担当者の顔を出した「プレゼンテーション」がよいでしょう。

　メソッドの選択には必ず動画活用の目的と成功の定義、そして動画化する対象や視聴者との関係性などから導き出した「つくる」のあるべき状態を定義してから、どのメソッドを選択するかを考える必要があります（図3-1）。「つくる」のあるべき状態の定義は、手段を選択するときの基準になるのです。

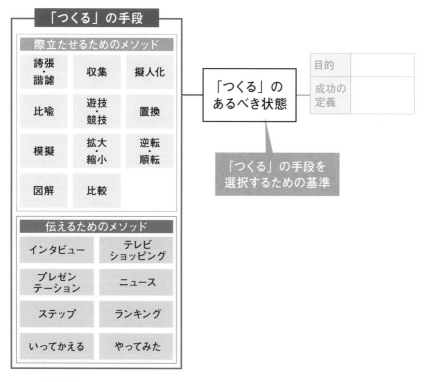

図3-1　動画を「つくる」手段、あるべき状態、成功の定義、目的

　本章では際立たせるメソッドと伝えるためのメソッドを紹介した後に、成功の定義やあるべき状態によって、どのようなメソッドが適しているのかをいくつかの事例を挙げて解説します。

Section
02

際立たせるためのメソッド①
誇張・諧謔

⟩⟩⟩ 大げさに表現する

　誇張は、対象となる製品の機能や効果・効能などを大げさに表現したり、日常の出来事を大事件のように扱ったり、人物の表情や動きをオーバーに表現したりすることで、その程度を引き立てるためのメソッドです。

　たとえば、掃除機の「吸引力」[※1] を誇張する際は「チリ1つ落ちてない」という表現とともに、顕微鏡で床をのぞいて本当に何も落ちていないことを動画で見せることが考えられます。

　あるいはこの掃除機に「軽さ」という特徴があるなら「空に浮かぶほど軽い」という表現とともに、掃除機をもつ人の背中や掃除機そのものに羽が生えたりする動画が考えられます。

　ただし、誇張も度が過ぎるとウソ・虚偽広告といった批判を受ける可能性があり、悪ふざけが過ぎると炎上のリスクもあります。**現実にはあり得ないけれどユーモアがある、というのが誇張では重要です。**

⟩⟩⟩ ユーモアを交えて表現する

　諧謔（かいぎゃく）はパロディやコント仕立てにしてユーモアたっぷりに伝えるメソッドです。製品やサービス、機能名などをダジャレにするものも該当します。

　たとえばモノいわぬ瓦が、もし人格をもっていたらこんなことを感じているだろうという擬人化（3-03参照）との合わせ技で、ユニークかつ製品の特徴もしっかり伝えることに成功している動画もあります[※2]。

参照動画のリンク集はiiページの会員特典よりダウンロードできます。
※1 https://www.youtube.com/watch?v=aGb8pMIeY6w
※2 https://www.youtube.com/watch?v=5iiN3RJvzbw

際立たせるためのメソッド②
擬人化

>>> 人の姿かたちで表現する

　擬人化は、自然やモノの働きなどの物事や、直接目にすることのできない心情、事象などを人の姿かたちにあてはめて表現するメソッドです。実体・形のないサービスなどを表現するのに有効です。

　擬人化では、**視聴者に伝えたい対象製品の機能や性質などの特徴と、擬人化する対象のキャラクターや性格、役割などの特徴の間に橋をかける必要があります**※3。製品の機能や性質は関係なく、キャストに被り物を着せるといった方法もありますが、それは見た目の楽しさや可愛さだけで製品の特徴が視聴者に伝わりません。

　たとえば、室内の温度や湿度をAIで快適に保ってくれるエアコンなら「環境の状況に合わせて最適にする」という機能を主人に仕えてその表情ひとつで意図をくみ取る有能な執事に見立てることができます。

　ロングランの製品群に数年ぶりに新製品が登場するなら、ロングラン製品を長老風にして、新製品を新人に見立てることもできるでしょう。

　また、擬人化する対象製品が「もし人だったら……」と考える方法や製品を使用する対象を擬人化する方法もあります。たとえば、車の窓ガラスの汚れをとるクリーナーなら「もし車の窓ガラスが人だったら、土ぼこりや鳥の糞などで汚れて大変だろう」と考え、擬人化された窓ガラスが口にするであろう不満やボヤキをセリフに収め、そんな不満を解消する製品がある、というストーリーが考えられそうです。

※3 https://www.youtube.com/watch?v=Ir-NZ8Fy8OI

際立たせるためのメソッド③

比喩

〉〉〉 直喩と暗喩がある

　比喩は機能性や安全性などを何かに喩えることで、数値などのデータで伝えるよりも、より印象的にわかりやすく伝えることができるメソッドです。直喩と暗喩の2種類を紹介します。

　たとえば、洗濯機の静かさを海の中に喩えたり、洗濯物を魚や海草に見立てたりと、何に喩えているのかがわかりやすいのが直喩です※4。**直喩のポイントは伝えたい製品の特徴と、似た機能やイメージをもつものを探し出すことです。**対象となるものとの距離が遠く、隔たりが大きいものほど、視聴者に驚きを与えることができます。なお擬人化も比喩のメソッドの1つといえるでしょう。

　暗喩は、一見すると何に喩えているかわからない表現がなされます。たとえば、駐車場の車いす利用者の駐車マークに、時間が経っても一向に駐車されない様子を映している動画は、一定割合の障がい者を雇用する法律が遵守されない状況に対し、政府が発したメッセージ広告です※5。

　暗喩はすぐに答えが出てこない分、**視聴者が見たい動画の前や途中に短い秒数で訴求する媒体（動画広告）には不向きです。**しかし、種明かしされた後の納得感や受ける印象には深いものがあるため、スキップ（途中で飛ばされない）されない仕様の広告枠などに出した方がよいでしょう。

※4 https://www.youtube.com/watch?v=2j2f5ONDU4c
※5 https://www.youtube.com/watch?v=OHHSlWpk23E

遊戯・競技

>>> 遊びやスポーツに見立てる

　遊戯・競技は対象を遊びやスポーツに見立てて表現するメソッドです。**おもちゃやテレビゲームに製品を見立てたり、製品を使って遊びを提案したりといった企画ができます。**

　競技も野球やサッカーなどの身体を動かすものや、将棋やチェスなど盤上のものまで適用できます。競技人口が多いものは、日本だけでなく世界に向けて発信する手段となり得ます。

　たとえば、「Freeze Tag」という動画は鬼役の人につかまるとゲームが終わるまでその場から動けなくなるという遊びを、カメラで撮られたら動きが止まるというルールにして遊戯化しています[6]。

　製品がもっている機能や素材の特徴と、それぞれのスポーツの好意やルールとの間に共通点を見いだすことができると、視聴者に製品の特徴をより印象的に伝えることができます（例：カーリングの動画[7]）。

　スポーツのルールやイメージを借りて、製品の特徴を伝える企画もあります。2019年のラグビーW杯開催時、AIG損保が配信した動画は、ラグビーの魅力と保険商品の特徴を伝えることを両立させた例です。街を球場に見立てた企画もあります[8]。

　遊戯・競技は新しいルールをつくらなくても、ランニング、縄とび、バスケットボールなどすでに動き方がよくわかっているスポーツにテレビゲームの要素をかけ合わせることでも十分に成立します[9]。

---

[6] https://www.youtube.com/watch?v=uhgSba6bvio
[7] https://www.youtube.com/watch?v=v7qS9jzZ5Ao
[8] https://www.youtube.com/watch?v=0pWUEj5RoGc
[9] https://vimeo.com/55337252

際立たせるためのメソッド⑤
収集

>>> ラインナップ・種類の豊富さを伝える

　収集は、さまざまなバリエーションのものを集めて収めるメソッドです。**製品を楽しんだり、製品が役立つシーンをたくさん集めることで、製品を使ってみようという気持ちを促したり、製品の汎用性を伝える効果があります**[10]。

　収集を使うときの注意点は、1つの動画に入れる収集例と秒数のバランスです。多くの収集例を入れようとすれば、動画の尺は長くなります。見込客に対するウェビナーなどであれば、さまざまな事例をたくさん知ることは視聴者にとってメリットがあります。

　しかし、広告に使用する場合、配信するプラットフォームによっては出稿する秒数が定められており、収集例が増えると1つの例に割ける秒数が減ってしまいます。

　短い秒数で収集を使う場合は、できるだけバリエーションを豊かにすることがポイントです。

　収集は事例紹介などと相性がよいです。自社製品がさまざまな業界、部署などに利用可能なものであれば、そうした事例を広く集めた動画をつくって、見込客獲得に活用することができます。

　導入事例なら「大企業」「中小企業」「ベンチャー企業」や「シニア」「中年」「若者」など、使う場所なら「空」「海」「山」など、収集事例の間の差異を大きくすることを意識しましょう。

[10] https://www.youtube.com/watch?v=8IpFDhJO8O4

際立たせるためのメソッド⑥

置換

>>> あらゆるものを置き換える

置換は視点、語り手、立場、主語、場所、時代などを置き換えるメソッドです。たとえば、通常はパソコンのディスプレイで操作する画像編集ソフトを、地下鉄の電車内での操作に置き換え、ディスプレイの中でソフトウェアが起こす変化や機能性をよりダイナミックに伝えようとする動画があります[11]。

また、蒸気で素早くシャツなどのしわを取る衣類スチーマーを、ユーザーではなく衣類スチーマーからの視点に置換した動画もあります。

置換は「する・される」という関係で考えると企画しやすくなります。「誇張」で取り上げた掃除機で考えると、吸う側と吸われる側の視点を置き換え、吸われるゴミや掃除機が使われる場所に視点を置いて発想することができます。

>>> 模擬する

模擬はシミュレーションのメソッドです。「もし○○時代に□□があったら……」と時代を置き換えるのにもよく使われます。たとえば、王侯貴族の時代にメイドが現代の吸引力の強い掃除機を使うことで掃除が早く終わり、余暇の時間が増えて……といった発想です。

>>> 拡大・縮小する

拡大と縮小はサイズを置き換えるメソッドです。製品の特徴を際立たせるために細部をクローズアップして、機能や構造そのものを見せたり、小人や巨人、虫や妖精、天上の神様の視点になって見せたりする方法もあります。

※11 https://www.youtube.com/watch?v=uvmQfn5PsAI

際立たせるためのメソッド⑦

逆転・順転

>>> 時間を前後に早送りする

　逆転・順転は、時間を前後に早送りして、製品ができあがるまでのプロセスを説明したり、メッセージを語ったりするメソッドです。

　たとえば、女性がメイクや画像編集ソフトで加工されていく様子を早送りで表現している動画は、街頭の看板で見かける人工的につくられた美しさに対して、「真の美しさとは何か」という問題提起をしているメッセージ性のあるものになっています[12]。

　製品の製造、生産プロセスのすべて（全工程）を見せたいときにも活用できます。 レシピや手芸、DIY、各種お手入れなどすべての工程を見せた方がわかりやすい場合は、タイムラプス（短い間隔で1コマずつ撮影した写真を連続して再生し、コマ送りの動画のように見せる方法）が有効です。

　他にも、農作物が育つ様子、製品がさまざまな人手や工程を経てできあがっていく様子など、逆転・順転を早回しで見せることは、いまに至るまでに「これだけの時間・工程・手間暇をかけているのか」という印象を視聴者に与えることができます。

　さらに、撮影する対象の「規模の大小」や「時間の長短」といったスケールを問わない使い勝手の良さも魅力です。規模の大小には、デベロッパーであれば街ができていく様子、ハウスメーカーであれば家ができていく様子、家のなかのキッチンであれば料理ができていく様子などが考えられ、時間の長短には人類の進化の歴史、一人の人生、その人の一年、一日の様子など、縮尺が自在です。

　置換と組み合わせて、ある出来事や効果が起きた背景・裏側には「こんな秘密が隠されていた」という見せ方もあります。

※12 https://www.youtube.com/watch?v=iYhCn0jf46U

Section

09

際立たせるためのメソッド⑧

図解

》》ビジュアルで表現する

　図解は棒グラフや円グラフ、レーダーチャートやバブルチャートなどを用いるメソッドです。動画にすることで図解で示したい効果や変化をより印象的に伝えることができます。

　「Data Is Beautiful」というデータ可視化の人気 YouTube チャンネルでは、過去と現在のグラフの変化をわかりやすく表現して、数多く再生されています[※13]。

　製品のスペックを伝えたいとき、従来製品の機能からどのくらい向上しているかや、利用ユーザーの拡大のプロセスを伝えて信頼を獲得する効果も望むことができます。**人物やロケーションを必要としないため、コストを抑えて制作できる**というメリットがあります。

　図解は日頃パワーポイントなどで視覚的にわかりやすい資料づくりをしている方にはとても馴染みのあるものですが、これを動画で見せるときの注意点があります。

　提案営業やプレゼンテーションの場で図解の入ったスライドを説明する際、多くの場合は「完成したスライド」だけを見せます。そしてそのスライドを、話し手が身振りや手振り、言葉を用いて説明します。

　しかし、動画でいつまでも変化しない図について、言葉だけでの説明を見聞きするのは、視聴者にとって理解がしにくいものとなってしまいます。できる限りパワーポイントなどのアニメーション効果を活用して、図解した情報に動きをつけるようにすることがポイントです。

※13 https://www.youtube.com/channel/UCkWbqlDAyJh2n8DN5X6NZyg

際立たせるためのメソッド⑨
比　較

>>> 比べればわかりやすい

　比較は2つ以上のものを比べる、情報を際立たせるうえでもっとも簡単なメソッドです。**現在の製品と旧来製品、自社の製品と他社製品を比べてどちらがどの程度優れているかを示したいときによく用いられます。**

　具体的に商品名や社名を出して比較するのは稀で、日本ではせいぜい「他社製品」や「従来製品」と表記するくらいにとどまります。できるだけ淡々とデータで優位性を示すか、比較のやり方にユーモアをもたせて、他社製品を貶めたり攻撃したりするような表現は避けましょう。機能や価格の違いによって得られる利用者のベネフィット（時間削減や満足感など）を比較対象にするとよいでしょう。

　比較は動画化価値との相乗効果を出しやすいです。製品使用前の状態（ビフォー）と製品仕様後の状態（アフター）を、流れの中で見せるビフォーアフター動画はその1つです（図3-2）^{※14}。また、1つの画面のなかでA製品とB製品を並べて見せたり、左右に分けて画面を分割したりして、製品の動き、スピード、安定性などを比べやすくすることもできます（図3-3）^{※15}。

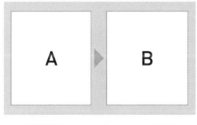

図3-2 ビフォーアフター動画

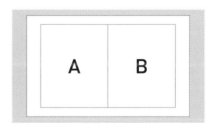

図3-3 画面分割した動画

※14 https://www.youtube.com/watch?v=iw41-bPQ1yc
※15 https://www.youtube.com/watch?v=qquJhguudkY&t=104s

伝えるための考え方

構成のための
モジュール

》》 伝えるためのメソッド

　伝えるためのメソッドは動画を見せる順番や見せ方など構成に関するものです。どのようなオープニングカットで始めて、間にどのような情報を入れて、どのように終わらせるか、届けたい情報を伝えるには何カットにして、各カットの秒数はどのくらいにするかなどを考えます。構成を考えられると、できあがりの具体的なイメージをもつことができ、関係者に伝えるのに役立ちます。伝えるためのメソッドには明確な型があります。その型にはめれば誰でも目的に応じた構成をつくることができるようになります。

》》 カットのモジュール

　伝えるためのメソッドを学ぶ前に知っておくと便利なのが「構成のためのモジュール」です。モジュールとは、建築材料や家具などの基準寸法や基本単位、または組み立てユニットのことを指す言葉です。動画の構成というと、難しいストーリーを考えなければならないと思いがちですが、部品を組み立て、組み替えるようなイメージで捉えることで、動画を内製する場合でもスムーズに構成することができるようになります。複雑な構成をつくるための知識や技術は専門書に譲り、ここではインタビューや商品紹介動画など、比較的簡単な構成をつくる方法を紹介します。

　構成をつくるための要素は大別すれば「カット数」と「秒数」です。伝えたい情報を動画にするために、どんなカットを、どんな順番で、いくつつくり、それぞれのカットを何秒にするかを考えます。構成のためのモジュールはこれらを考えることを助けてくれます。

　構成のためのモジュールは、「カットのモジュール」とカットに収める「要素のモジュール」に分かれます。**カットのモジュールは「オープニングカット」**

カットのモジュール

| オープニング カット | 最初に表示されるカット。これから再生される動画の内容やテーマがわかる人や物の情報 |

カット A-1	カット a-2	カット a-3
カット B-1	カット b-2	カット b-3
カット C-1	カット c-2	カット c-3

届けたい情報を伝えるためのカット。伝えたいポイントとなる情報が少なければカット数は少なくなる。届けたい情報が複数種類（A、B、C）あって、種類ごとに見せたい情報があれば、カット数を増やす
（例：A-1だけで足りない場合、a-2、a-3を増やす）

| エンディング カット | 視聴後の行動を促すようなメッセージや、撮影対象の価格や申込方法などのお知らせ |

図3-4 カットのモジュール

「カット」「エンディングカット」の3種類があります（図3-4）。オープニングカットは動画の最初に表示されるカットで、視聴者がこれから再生される動画の内容やテーマがわかる情報を表示します。インタビューであれば人、製品紹介であれば物を映し、登場する人や物の名前、動画のタイトルなどをテロップで表示します。

　オープニングカットの次にくるのが動画の主題となっている情報のカットです。ここのカットをどのように構成するかでバリエーションが変わってきます。伝えたい情報を絞ればカット数は少なくなります。逆に届けたい情報が複数種類あって、種類ごとに見せたい情報があれば、種類ごとにカット数を増やしていきます。カット数を検討する際は、「動画化価値」や「情報の図と地」、視聴者を考えて絞り込みますます。

　最後のエンディングカットには、視聴後の行動を促すようなメッセージや撮影対象の価格や申込方法などのお知らせを入れます。商品購入ページで配信し、動画を購入ボタンの直上に置いているなら、「いますぐ購入ボタンをクリック！」といったメッセージです。

秒数は視聴者に理解してほしい内容や動画を補足する文字情報の量によって変わります。動きをしっかり見せたい場合や文字数が多い場合は、1カットの秒数は長くした方がよいです。YouTube など各種プラットフォームや Web メディアに広告出稿する際は秒数の指定がありますが、製品紹介ページやメールなどは規定がありません。15秒、30秒、45秒、60秒を目安にしておくと考えやすいです。

たとえば3つのポイントがある商品紹介動画を30秒で制作するなら、オープニングカット、カット A-1、B-1、C-1、エンディングカットの5カットに割り振ります（図3-5）。商品購入ページで配信するなら、すでに商品名や商品の見た目はわかっているでしょうから、オープニングカットは3秒ほどで十分でしょう。残り27秒を4カットで割るならカット A〜C に7秒ずつ、最後のエンディングカットで購入特典などのお知らせやメッセージを伝えるために秒数を長めにとって6秒とします。伝えたいポイントが少なく商品の動きをしっかり見せたい場合は、カット数を減らして1カットの秒数を長くしたり届ける情報を絞ったりして、オープニングを3秒、商品紹介カットを22秒、エンディングカットを5秒とする手もあります。お知らせに関する情報を Web ページに載せられるのであれば、エンディングカットは入れずにオープニングカットと商品紹介カットで構成する方法もあります。

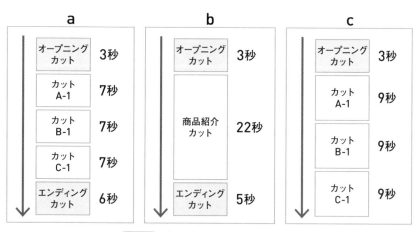

図3-5 商品紹介動画のカットの例

>>> 要素のモジュール

要素のモジュールとは、カットに入れる情報の種類のことです。 ヒト、モノ、コトなどの情報がありますが、共通するのはカットに収める対象のサイズです。対象の全体、全貌がわかるよう引いて（ズームアウト）撮るのか、対象の細部がわかるよう寄る（ズームイン）のか、動画の目的、撮影する対象、対象がもっている動画化価値から選択していきます。

ロングショット　　　　　ミディアムショット　　　　クローズアップ

図3-6 カットに収める対象

図3-6は人を対象にしたカメラに収めるサイズを比べたものです。人がどこにいるのか、どのような環境に置かれているのかといった情報を伝えたい場合はロングショット、人がどのような姿かたち、背格好をしているのかといった情報はミディアムショット、人の表情や感情を見せたい場合は、クローズアップショットというふうに分けて考えると扱いやすくなります。

これは機械、ITシステム、食べ物、不動産、イベントなどにも当てはまります。農作物や水産物はどんな環境でつくられているのかはロングショット、誰がつくっているのかはミディアムショット、実際につくられている作物はクローズアップショットというふうに使い分けることができます。

事例インタビュー動画であれば、オープニングでは人物をミディアムショットで撮影し、話し始めたらクローズアップに移り、話している声の上に話している内容（その人が使用している製品をどのような環境で使用しているのかなど）をロングショットで収めるといった使い方です。

これから紹介する伝えるためのメソッドの多くはカットのモジュールと要素のモジュールを、目的に応じて組み合わせてつくられています。

伝えるためのメソッド① インタビュー

>>> 声を届けて信頼を獲得する

　インタビューは製品を購入・使用した顧客やユーザーの「推奨の声」「証言」として使用したり、製品開発者や生産者などの想いを本人が直接話したりすることで、製品に対する信頼感や親近感などを伝えるメソッドです[16]。図3-7に一般的なインタビューの型を示します。

　BtoBであれBtoCであれ、自社製品の導入を検討してもらううえで導入事例のインタビューが効果的です。導入事例はテキストと写真で制作してWebページやPDFにされることが多いですが、実は動画の使いどころです。

　1回の取材でテキストと写真で作成した導入事例記事（Webページ、PDFなど）と動画の両方をつくると効率的です。動画の方がわかりやすいという方もいれば、テキストで読んだ方が早いという方もいるからです。

　記事と動画を両方つくるなら、導入した理由、導入を検討した背景、導入までのプロセス、導入後の効果など詳しい情報は記事に譲り、動画はそれらの大事なポイント、ワンメッセージだけを伝えるダイジェストとして使用することをおすすめします。

　見込客育成を目的とする場合、できるだけ見込客とコミュニケーションをとる手段と回数を確保しておく必要があります。先にダイジェストとしての導入事例動画を送り、その動画を見て問合せが来たりアポが取れたりすればラッキーです。

　動画は見たけれど資料はダウンロードしていない見込客には、その後詳細な資料を送るという二段構えでコミュニケーションをとることができます。

　動画化価値の高い「人」の要素を伝えるうえで大切なのは、「いわされ感」を出さないことです。ウソの体験や感情を伝えることは論外ですが、出演者にセ

※16 https://www.youtube.com/watch?v=IwVVCDWrMCc

インタビューの型	
オープニング	インタビューされる人物の登場 インタビューのテーマや、人物の氏名、社名、役職名などをテロップで表示
人物カット	テーマについての経緯、感想などを語ってもらう
インタビュー関連映像	語っている内容に関連する動画や静止画を、語っている声にかぶせる（インサート）
人物カット	最後に人物カットに戻るのもよし、インタビュー内容に関連する異なる映像にしてもよし

図3-7 インタビューの型

リフを書いたカンペを読んでもらうと、どうしても「いわされ感」が出てしまいます。

「いわされ感」は視聴者にとっては本人の言葉として伝わらず、ウソくさく感じてしまいます。これではせっかくの動画化価値が逆効果になってしまいます。そこで、インタビュー動画の撮影では話を聞くことを主目的にし、その話している様子を収録するのがおすすめです。

また、話している様子をただ撮影するだけではなく、話している内容に応じた動画や静止画を差し込んでいくと、視聴者によりわかりやすく、情緒的に情報を伝えることができます。

伝えるためのメソッド②

テレビショッピング

　テレビショッピングは製品の販促・プロモーション動画としてもっとも自作しやすく、効果につながりやすいメソッドです[17]。実際のテレビショッピング番組は 30 分から 60 分のものをよく目にしますが、テレビ CM でも使われています。

　テレビショッピングには黄金律ともいえる構成があり、これに則れば 30 秒で製品の特徴を伝えきることができます（図 3-8）。最初に製品が必要になるシーンを想起させ、問題提起します。

　季節性のある製品なら「いまの時期、○○○でお困りですよね？」といった問いかけを、季節に関係なければ「○○○の業務、面倒ですよね？」といった表現です。

　また、問題解決的な製品ではなく付加価値をもたらすような製品の場合は「○○○になったら素敵だと思いませんか？」といった提案を行います。この部分で視聴者に「あるある」と共感させ、心を"つかむ"必要があります。

　その後は、提起した問題、提案した生活を実現してくれる製品の登場です。続いて、その製品の動き、製品を使用した、体験した人物の感想を伝えて、最後に料金やお得なキャンペーンなどのお知らせが入ります。

　30 分や 60 分のテレビショッピング番組であっても基本的な構成はこれと変わりません。番組の場合は 30 分の枠をもたせるために、タレントを出演させて「すごぉ～い」や「でもお高いんでしょう？」といったにぎやかしをしたり、購入者のインタビューを挟んだりしています。

　秒数の長短に関わらず大事なポイントは、紹介する製品の動画化価値を伝えることです。どの動画化価値が当たるかわかりにくいため、**できるだけ視聴者**

---

[17] https://www.youtube.com/watch?v=VAQjF5RPgbg

テレビショッピングの型

オープニング	紹介する製品単体の映像やそれを使用している人の様子など
プレゼンター の挨拶	製品が必要になるシーン、問題提起、生活提案を行う
紹介した製品	問題解決する（提案した）製品の登場 オープニングカットとは異なる絵面にする
製品の特徴1	動きに関する動画化価値の高い情報を映す
製品の特徴2	その製品を使った、触った、食べた人の表情や感想を映す
インフォ メーション	価格やキャンペーン情報、購入方法などを伝える

図3-8 テレビショッピングの型

の属性を絞り込み、その属性のベネフィットにつながる動画化価値を見いだし
ましょう。

伝えるためのメソッド③
プレゼンテーション

>>> 自宅からでも発信できる

　プレゼンテーションはノートPCが1台あれば自宅でも収録できる非常に取り組みやすいメソッドです。ライブ型、オンデマンド型を問わず、プレゼンターや講師が登場し、ワイプで話す脇で、パワーポイントやキーノートのスライドを見せたり、TEDトークのようにスタジオを用意して撮影したり、プレゼンターと写真などの資料を合成したりして制作することがあります※18。

　リアルなセミナーや提案営業などで用意していた資料や画像などの素材を活用する場合は、スマホサイズで視聴しても読めるよう文字の大きさを変更しておく必要があります。非対面の営業活動も行う現代では、プレゼンテーション動画を社員が制作するスキルも必要となります。**視聴者との関係性を近づけたり親近感をもってほしかったりするのであれば、顔を出すべきでしょう。**

　TEDのような全身を映したプレゼンテーションを望む方には、服装を含めて全身が映ることを意識した立ち居ふるまいができていることが最低条件です。猫背、腕を組む、無駄に顔や髪の毛を触るといった行為は視聴者の気をそらせ、かえって企業イメージを損なうことにつながります。どの手段でいくかは、制作コストと演者のスキルによって決めましょう。図3-9のプレゼンテーションの型はその一例となります。リアルタイムにビデオ商談ができることもあれば、提案動画や資料説明動画を収録しておいて、オンデマンドで顧客や見込客が都合のいいときに視聴してもらうコミュニケーションも必要です。

>>> ライブ配信にするか、オンデマンド配信にするか

　プレゼンテーション動画はかつてオンデマンド型が中心でした。予備校などの講義動画を収録しておいて、生徒がいつでも視聴できるようにするという使

※18 https://www.youtube.com/watch?v=vN4U5FqrOdQ

プレゼンテーションの型	
オープニング	プレゼンテーションのタイトルやプレゼンテーマの画像、プレゼンターの顔などを表示
人物カット	プレゼンの導入部分を話す
プレゼンテーションカット	プレゼンターをワイプで抜いて、パワーポイントなどの資料を投影
人物カット	締めのメッセージ、挨拶

図3-9 プレゼンテーションの型

い方がポピュラーでした。TEDなどの動画も基本的にはリアルに開催したものを撮影・録画しておいて配信しており、リアルに価値の重さがあり、収録した動画はサブという位置づけが多かったです。しかし、リアルにセミナーを開催しにくくなり、訪問営業も難しくなってからは、セミナーはウェビナーに、プレゼンテーションもオンラインプレゼンに切り替わりました。オンラインが前提になったときに多くの方が迷うのが、動画をライブで配信するのか、オンデマンドで配信するのかの判断です。

ライブ配信はリアルタイムにセミナーを収録して配信するもので、オンデマンド配信は収録した動画をWeb上に置いて、視聴者が見たいときに見られるようにするものです。1人の顧客や見込客に対して提案営業などのプレゼンテーションを行う1対1の場合と、ウェビナーのように1対多で行う場合があります。基本的にライブで行うものは収録しておいて、編集加工してオンデマンド視聴できるようにしておけばよいですが、予算などの都合でいずれかの手段を選択しなければならない場合の判断材料を解説します（表3-2）。

ライブは時候の挨拶やアイスブレイク、休憩時間などが入るとどうしても長くなりがちで、視聴者は画面の前に貼りついていなければなりません（音声だけ聞き、気になるところだけ映像を見るという視聴も多いようです）。しかし、

ライブだからこそ視聴者からその場で質問してもらい、回答することができます。リアルなセミナーではこうした方をホットな見込客としてみていたのではないでしょうか。オンデマンドではこうした双方向のコミュニケーションが難しいので、アンケートフォームを動画の中や動画を配信しているWebページに埋め込むなどして、視聴者の反応を知る工夫をする必要があります。ただしライブといえども画面も音声もオフにしている場合、視聴者の反応を知ることは難しいです。ブラウザを閉じられたらそれで終了なので、Slido.などの質問受付システムを活用して、視聴者の興味の動向や関心の度合いをつかみにいかなければなりません。

　1対多のライブ配信は、撮影用のカメラや音声ミキサーなどの機材を必要とします。また、通信環境の影響を受け、何らかの映像・音声トラブルに見舞われるリスクがあるため、撮影・配信に要するスタッフも複数名必要です。

　大量の見込客を一気に獲得したいときは、著名なゲストを招聘してライブで行い希少性を高めることができます。視聴者との関係性が遠い場合に有効です。**視聴者との関係性が近づいてくればオンデマンドで配信して、視聴者の都合のいいときに視聴してもらう選択ができます。**その場合は視聴動向などのデータを取得して、リアルでなければわからない視聴者の反応を測らなければなりません。この運用方法はChapter 4で詳しく解説します。

	ライブ配信	オンデマンド配信
尺	長くなりがち	短くすることができる
必要な機材	撮影用カメラ、音声ミキサー、照明など	PC1台から撮影可能
人数	1対多の場合、質問対応や撮影者など複数名のスタッフが必要	最低1名で撮影できる
視聴者の自由度	配信時間中は拘束される（離席しにくい）	見たいときに見たいだけ視聴できる
集客	必要	不要
視聴者とのコミュニケーション	問いかけや質疑応答がその場でできる	その場でできない
トラブル	通信環境の影響がダイレクトに反映されるその場での対応が必要	基本的にない

表3-2　ライブ配信とオンデマンド配信の違い

伝えるためのメソッド④

ニュース

>>> 速報性のある発信

　ニュースはまだ一般に知られていないような、新しいまたは珍しい出来事の報道や知らせを扱うもので、とくに**新製品やイベントの発表・告知と相性がよい**メソッドです。ニュースは手元の原稿を読むことが自然なので、セリフを覚えなくていいという出演者側にとってのメリットがあります[19]。そのため、プロの出演者ではない、社員が出演する動画としてもおすすめです。

　ニュースのメソッドは活用の幅が広く、コストを抑えて自社で制作できるようになれば、社内外の情報発信を動画で行えるようになります（図3-10）。

　ニュースリリースは生活者やお客様（法人、個人問わず）、代理店やパートナー企業、社員や社員の家族、株主、報道各社、地域住民、求職者などに、自社の活動・動向を知ってもらうための情報であり手段です。この情報を届けるために、自社のホームページやSNSで情報を掲示・投稿したり、メディアに情報を送ったり、Webリリース配信サービスを利用したりしています。

　ニュースの内容は新商品紹介であれば商品の特徴や機能など、イベント告知や社会的活動のレポートであれば開催概要と参加者の様子など、社長交代であれば所信表明などのメッセージがありますが、こうした情報のほとんどがテキストと静止画です。今後はここに動画によるニュース配信が加わり、社員がキャスター役となる動画も増えてくる可能性があります。

　メディア向けのニュースリリースには、取り上げてもらう際の素材として静止画データも付けて送信していましたが、ここにニュース風の動画が加わると動画のURLをメディアの記事に埋め込んで使うシーンも出てくる可能性があります。

※19 https://www.youtube.com/watch?v=NaVXfWbb5Dg

ニュースの型	
オープニング	ニュースキャスターが登場し、これから伝える内容をテロップで表示する
カット1	ニュースの内容に関するカット 概要、全体情報がわかるもの
カット2	ニュースの内容に関するカット 撮影対象の詳細、人物の感想など
エンディングカット	締めのメッセージ、挨拶

図3-10 ニュースの型

とくにこれからは、企業のニュースを発信する担当者（広報、PR担当）や関係者、役員の顔出しは必須です。従来は、企業が発信する情報はプレスリリースや記者発表会をメディアに取材してもらい、記事やレポートとして発信されていました。

しかし、そもそもメディアが取材に来てくれるとは限らず、自社サイトから直接生活者に届けられる時代となりました。**「取材してもらうための情報」ではなく、「伝えたいことをわかりやすく伝えるための情報」としてニュースリリースを制作する必要があります。**取材してもらうための情報には担当者の顔は必要なかったかもしれませんが、直接生活者に情報を届けるのであれば、担当者が顔を出して情報を届けるべきでしょう。

ニュースリリース動画を自社サイトで配信する場合は、動画をYouTubeなどの外部プラットフォームに置いて、自社サイトには外部リンクを載せておくだけではもったいないです。自社サイトの更新感を出す意味でも、動画のプレイヤーをWebサイトに埋め込んで自社サイトで動画を見てもらいましょう。

》》 業界ニュースをコメンテーターのように社員が解説

企業が運営するオウンドメディアを見ていると、テーマを決めたら後は編集

プロダクションに丸投げして、どこかのサイトの内容をコピペしたような記事をよく見かけます。

　社内に制作機能やコンテンツを制作する余裕がないのかもしれませんが、その会社の特徴や強みが反映されていて、自社「らしさ」がにじみ出るようなオリジナリティのあるコンテンツでなければ、ユーザーのためにはならず、お金を浪費するだけです。コンテンツを一から企画・制作する余裕がなく、自社らしさを出すという２つの課題を解決している事例が、弁護士ドットコム（弁護士への無料相談や紹介サポートなどを行うポータルサイト）のオウンドメディア「弁護士ドットコムニュース」です。

　同メディアの記事コンテンツの１つに、世の中で起きた事件や事象を題材にして、それに対する法律家の（法的な）視点から解説をするものがあります。この手法であれば、一からネタを仕込むことも取材にいくこともなく、すでにできあがっている素材を使うことができます。

　また、法律家の視点からの解説なので、自社サービスの強みやらしさを活かすこともできます。弁護士ドットコムはこれをテキストで表現していますが、表現手段を動画に変えることで、情報番組や経済ニュース番組などで、コメンテーターや専門家のような解説動画を制作することができます。

　ニュースアプリ、ビジネスメディアアプリなどで、コンサルタントや会社の役員クラスの方々が当該ニュースに対して一言二言コメントを述べる機能がありますが、その動画版だと思ってください。

　記事制作と動画制作を比べて、どちらが簡単で労力が少ないかと問われれば、本人の得手不得手やスキルの有無によるものの、「ありものの素材」を使用してそれについての解説を「しゃべるだけ、コメントするだけ」であれば、動画の方が労力が少なく制作することができます。

　ニュースソースの映像や記事をメディアが取材・制作したものを使用するならば、コンテンツ利用の交渉・使用料を支払えば済む話です。たとえば、建築・不動産系の企業がこうしたニュース解説動画を制作する場合は、業界専門誌から素材となる情報・静止画・動画を受け取るようなイメージです。この意味で写真や動画を保有するメディアにとっては、新たな収益源になるかもしれません。

3

動画を「つくる」

伝えるためのメソッド⑤
ステップ

>>> 手順を見せる

　ステップは製品の操作マニュアル、レシピやお手入れなどのハウツー動画に用いられる手順を表現するメソッドです。操作方法などの手順を解説する動画には大きく２つの種類があり、**最初から最後までの工程をすべて見せるものとすべての工程のうち要点だけをかいつまんで見せるもの**です。どちらを見たいかは視聴者の製品に対するリテラシーによって変わってきます。

　すべての工程を見たい視聴者はまだ製品へのリテラシーが低い状態です。たとえばレシピでも下準備から切り方、炒め方などすべての工程を見ないと不安になってしまいます。しかし調理経験が豊かであれば、「このまま強火で３分炒めます」という文字情報だけでも十分です。編み物などの手芸用品、DIY製品の使い方なども同様です。

　ただ、すべての工程を見せようとすると視聴時間が長くなってしまいます。視聴時間が長くなるほど、視聴者が目当てのポイントに辿り着きづらくなります。そこで、**工程を早回しで見せる「タイムラプス」や、動画のなかに「チャプター」を設定します。**チャプターはDVDなどでもおなじみのリンク付きの目次のようなもので、目当ての場所にワンクリックで飛ぶことができます。

　視聴者のリテラシーが低くない状態であれば、「ポイント１、２、３」「ステップ１、２、３」というふうに、動画でなければ伝わりにくいところをかいつまんで伝えた方が視聴者にとっては親切です。動画化価値を意識して撮影するポイントを決めましょう。

　顧客が遭遇するであろう課題に先回りして、ステップメール（あらかじめ送信するメールの期日を設定し、自動的に配信する機能）で配信することで、気のきいたサポートを行えます。サポート系の動画はうまく使えば、自分たちへの問い合わせを減らし、サポート業務の効率化につながります。

ステップメソッドを活用してつくる動画は、自社製品の使い方（操作マニュアル）やメンテナンス方法などが主な内容でした。しかし、今こうした動画を数多く多様に制作しておくことが、コストや手間の削減以上の効果をもたらすことにつながります。ここではその代表的な3つの活用例を紹介します。

〉〉〉 強調スニペットとは何か？

　2018年のGoogleの検索コアアルゴリズムのアップデート後、ユーザーの検索するキーワードに対して、最適な答えとなる関連性の高い動画がウェブ上に存在すると、図3-11のように**検索結果に動画だけを表示する枠が出る**ようになりました（この仕様は常時更新され、PCとスマホ・タブレットで表示のされ方が異なります）。この枠を「強調スニペット」といいます。強調スニペットに表示されると、検索結果からの自然流入が157％増加するという調査結果もあり、検索順位を上げる手段としてぜひ取り組みたい施策です。

図3-11 動画の強調スニペット

　強調スニペットに表示されやすい動画の傾向として、「○○の仕方（やり方）」「○○、方法」といった、検索する対象の手続き、操作、よくある疑問への答えなどの情報を含んだものがあります。動画のジャンルでいえば、「ハウツー」や「マニュアル」系の動画です。「ネクタイ、結び方」「食品、盛り付け方」といったワードで検索してみてください。

　動画が表示される位置は最上位のものや中位のものがあり、表示される動画

の数も1つから複数までありワードによってまちまちですが、テキストの検索結果に比べて大きなスペースを占め、そこで表示されるタイトルやサムネイルがユーザーの求めている情報と合致していれば、自然流入が増加するという報告もウソではなさそうです。

「○○の仕方」「○○、方法」というワードで検索するユーザーは、検索する対象についてまったくの無知・無関心ではありません。興味・関心があったり、購入や利用を考えたりしている人が多いでしょう。そうしたユーザーと動画の間にある文脈度は高い状態にあるといえるので、見せる動画はハイクオリティである必要はありません。**ユーザーが知りたい、解決したいと思えるポイントさえ押さえていれば、十分効果を出すことができます。**

Googleから公式に「こうすれば強調スニペットに表示される」という手順は公開されていませんが、強調スニペットに表示されるであろう要因がいくつかあります。下記は「○○の仕方」「○○、方法」というワードを対象に、筆者が自分自身やクライアントと実践した結果、強調スニペットの表示に影響を与えると思われる要因です。

- 動画を配信するプラットフォームはYouTubeを選ぶ
- 動画のタイトルに「○○の仕方」あるいは「○○、方法」などとつける
- 1つの検索ワードに対してさまざまな切り口・種類の動画を複数つくる
  - ・同じ商品でも、異なるシチュエーションや場所での使い方を撮る
  - ・大きなカテゴリーの中の、小さな種類の動画を撮る
    （「食品、盛り付け方」というテーマで、刺身、果物、つまみ、うどん、パスタなどさまざまな食品の盛り付け方動画を撮る）
- 上記のように制作した複数の動画をYouTubeの「再生リスト」にまとめておく
- YouTube Studioの「動画の詳細」画面で、対象となるものの名称や、「○○の仕方」というタグをつけておく
- 検索した結果、動画の強調スニペットがない・少ないワードを選ぶ

動画の強調スニペットに表示されることで、検索順位がライバル企業より下であっても逆転するチャンスがあります。

≫ SNSフォロワーのエンゲージメントを高める

マニュアル動画は顧客サポートの一環で制作することが主目的です。顧客がうまく使える製品・サービスならつくらなくてもよいと捉えている方も多いですが、**マニュアル動画をうまく使えば顧客のエンゲージメントを高めることができます。**

図3-12は高速バスや観光バスを運行するWILLER社がTwitterで動画を投稿したものです。同社のバス停は電車の駅から少し離れた場所にあり、お客様問合せセンターに、バス停への道のりを尋ねる電話がよくかかってきていました。当初は、お客様の不便を解消し、問合せ数を削減する目的で「バス停までの行き方動画」を作成することにしました。

この動画をバス停を紹介するページに掲載するだけでなく、Twitterでも投稿したものが図3-12です。いままでの不便を解消するためのコンテンツであれば、「解決コンテンツをつくりました。どうぞご覧ください」と恐縮しながら差し出すことを考えますが、この投稿ではそんな様子はみじんもなく「誰もが1度は迷う修羅の道（？）」と、とてもユニークに表現しています。この投稿以外

図3-12 SNSフォロワーのエンゲージメントを高めた好例 ※20

※20 https://twitter.com/WILLER_TRAVEL/status/1108273191993176065

でも地下街の道がわかりにくい場所を「池袋ダンジョン」と表現するなど、同社のフォロワーであれば「あるある」と感じたり、クスリと笑いを誘ったりするようなテキストをつくって動画を投稿しています。

この動画は当時のフォロワー約7万に対し、1万回再生され、リツイートやいいねが数多くつきました。また、フォロワーから「これで完璧になりました！」といった喜びのメッセージが送られたり、「夜のほうがわかりにくいので、夜の行き方動画を撮ってくれませんか？」といった要望も寄せられたりするようになりました。こうした要望に対し、夜の行き方動画を制作・配信することで、フォロワーとのコミュニケーションが活発になり、喜ばれるということが起きていきました。

動画の内容自体は、タイムラプスでバス停への行き方を伝えるだけのものですが、投稿の表現ひとつでエンゲージメントを高めることができる好事例です。

⋙ プラスアルファの提案

ハウツー動画は、自社製品を使って「こんなことができますよ」という提案の機能も備えています。たとえば観葉植物の販売企業であれば、観葉植物の特徴紹介や手入れ動画だけにとどまらず、観葉植物を使った室内のコーディネートを提案するようなイメージです。調味料や調理器具であれば、その製品の特徴を活かしたレシピ・調理法の紹介などがイメージしやすいです。IT製品であれば、メインの機能ではないけれど、知っておくとちょっと面倒な作業がラクになる機能などです。

こうしたプラスアルファの提案を最初からしなければ売りにくい製品と、まずは購入してもらってから提案していく製品があります（図3-13）。調味料や調理器具など、料理をつくらないかぎり製品の用途が果たされないものは最初からこうした提案系の動画が必要になり、認知獲得や見込客育成フェーズで動画を使用していくことが多いです。

一方、観葉植物のように製品単体で用を果たす製品の提案系の動画は、自社で制作する以外に、製品の顧客やユーザーの力を借りて制作することもできます。顧客・ユーザーはメーカーの想像を超えた楽しみ方や活用の仕方を発明することがあります。そうした情報はSNSやブログで発信されていますが、その

ような情報・アイデアを許可を取って拝借し素材として活用させてもらうことで、動画を制作することができます。ユーザーから提供された素材を組み込んで、メーカーの公式サイトやSNSアカウントで配信されることは、ユーザーにとっても嬉しく誇らしいことです。

　すでにユーザーコミュニティの運営やCGM（コンシューマー・ジェネレイテッド・メディア）活用に取り組まれている企業であれば、この施策は馴染みがあると思います。これまでも、ユーザー参加型・投稿型のキャンペーンを展開し、そこで投稿された静止画・動画素材を使ってWebサイトに掲示するといった施策が行われていますが、それを動画にしていくと考えれば取り組みやすくなります。

　このように、**ハウツー動画はマーケティングの複数の目的で活用することができます。**商談中に製品の操作方法に不安のある見込客に対して、動画で簡単に操作できることを伝えれば、購入の決め手になるかもしれません。これらの動画は視聴者との関係性や文脈が近いところにあるため、テクニカルなクオリティは要しません。その代わり、強調スニペットに表示されることを狙うのであれば、動画の数が必要になってきます。Appendixで事例とともに解説します。

用途と提案の距離が近い、ほぼ同じ（調味料、調理器具など）

用途と提案の距離が遠い（観葉植物など）

図3-13 用途と提案の違い

伝えるためのメソッド⑥
ランキング

>>> 順位をつける

　ランキングはテレビ番組に限らず、雑誌や通販サイトなど、さまざまなメディアで使われるメソッドです[21]。

　情報番組などであれば、幅広いメーカーの製品や施設のスポットなどを対象にランキングを組むことができますが、自社だけでやろうとすると、複数の対象・ラインナップが必要となります。**売上数、来場者数、問合せ数、ユーザーからのレビュー数、購入者属性（性別や年代）、アンケートから得た人気の機能など、さまざまなデータを使ってランキングをつくりましょう。**ランキングは他のメソッドとの相性も抜群です。インタビューと組み合わせて、1位の製品を購入した人のコメントを入れてもよいですし、ニュースと組み合わせて売れ筋商品や自社サイトでよく見られている動画コンテンツの「ランキングニュース」としてもよいでしょう。

　ランキングの動画コンテンツのアイデアは、テレビ番組が参考になります。『お願い！ランキング』では複数名のその道の専門家が、あるメーカーがそのシーズンに出した商品を品評・採点して、ランク付けをするコーナーがあります。この形式であれば、自社製品のドメインにおける識者や専門家、インフルエンサーを複数名招聘して同じような動画がつくれそうです。

　また、『帰れま10』は店舗やメーカーの全メニューから1〜10位までを予想して注文し、間違えることなく当てられれば賞金獲得ですが、すべて正解するまで帰れないという企画です。これには長い尺が必要なため、一企業の動画コンテンツとしてそのまま再現するのは非現実的ですが、ユーザー参加型のクイズキャンペーンなどへの転用が考えられます。

※21 https://www.youtube.com/watch?v=nzIIC-znG1U

伝えるためのメソッド⑦
アニメーション

>>> 表現の幅が広がる

　ここまで実写中心に事例動画を紹介してきましたが、アニメーションも有効な手段です。アニメーションを内製できる人材は実写を撮影・編集できる人材よりも得難いため、基本的には外注することになると思いますが、表現の幅は大きく広がります。イラスト、画像、文字、グラフなどの静止素材に動きと音を付け足すだけのものから、イラストを立体的に表現する3Dアニメ、アニメ映画やアニメ番組のようなフルアニメーションまでさまざまです。

　アニメーションが有効なのは、「内容が抽象的」「（現実的に、または予算が足りず）実写では不可能なこと」「動画化価値がない・表現しづらい」「（大きすぎ、小さすぎて）実物を撮影できない」「複数人のキャストを起用できない」といった対象・状況です。

　ソフトウェアの仕組みやスペックといった情報は目に見えず抽象的です。目に見えないため動画化価値も存在しません。そこでソフトウェアのスピードの速さ、セキュリティの安全性などをキャラクターをつくって擬人化して説明させたり、図解のメソッドで紹介したグラフなどをアニメ化したりして表現します。

　誇張のメソッドで家を破壊したり、空に浮かばせたりといった表現もアニメーションと相性がよいです。また、置換のメソッドで時代を置き換えるとき、衣装などを揃えるのが難しければ、イラストで代用することもできます。

　ロケハン、キャスト起用、小道具調達などを必要としないため、実写に比べて費用や時間を低減させることができます。社員が退職したり、出演したキャストの都合で撮影した動画が使えなくなったりすることもありません。ただ、表現したいものによってコストが大きく変わります。

Section

19

伝えるためのメソッド⑧

いってかえる

>>> 一連のストーリーを伝える

　いってかえるは、いままで紹介した各メソッドを使って一連のストーリーを考える際に役立つメソッドです。**企業の提供する製品が生活者の負の状態や問題を解決し、正の状態にするものであれば普遍的に利用できます。**

　図3-14のような「日常マイナス」の状態からスタートして、異日常に移り、「日常プラス」に戻ってくる構造をもちます。

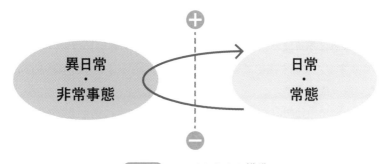

図3-14 いってかえるの構造

　これは、神話学者ジョセフ・キャンベルが『千の顔を持つ英雄』で示した世界の英雄伝説・物語などに共通する物語の型で、作家の大塚英志によってアレンジされたものです。この型を使えば、誰でもどんなモノゴトでも、物語をつくることができます。

　製品を使うユーザー・お客様が、自社製品を使う前に日常マイナス、つまり"何かが欠けている"状態かを想像します。そして、自社製品を手にすることで、どんな元の状態かつプラスの状態になることができるかを考えれば、それで1つ動画企画が完成します。

　いってかえるは際立たせるためのメソッドと組み合わせて使用することも

できます。たとえば、とある洗顔用品でよく目にするCMでは、スポーツ系の部活で気になる異性がいるけれど、ニキビが気になって声をかけられない。そのニキビを予防する洗顔剤を使って、異性に声をかけることができた、という物語があります。

これを置換のメソッドを使って、思い切って平安時代に置き換えてみたり、声をかけられる側に置き換えたり、製品が使われる肌の側に視点を置き換えたりといったことができます。

≫≫ 三幕構成

いってかえるに似たメソッドに三幕構成があります。ストーリーを3つに分け、それぞれ設定 (Set-up)、対立 (Confrontation)、解決 (Resolution) という役割を与えます（図3-15）。

図3-15 三幕構成

3つの幕の比は1:2:1で、それぞれの幕の間に主人公にアクション（行動）を起こさせ、物語を違う方向性に向かわせる事件やエピソードなどの「ターニングポイント」を設けるのが特徴です。

主に映画やドラマ、ドキュメンタリーなどで使われているため、長尺動画の方が使いやすい傾向があります。

伝えるためのメソッド⑨
やってみた

⋙ 思わぬところで人気になる可能性がある

　やってみたの原型は米国の YouTuber のゲーム実況やおもしろクッキングなどに端を発する「Let's Play ○○」にあります。ここには「いってかえる」のような明確な型はなく「バカバカしいこと」「突拍子もないこと」を「クソまじめ」に行うスタイルです。

　「誰もが知ったつもりでいるけれど実はよく知らないこと」や「ふと疑問に思うけど確かめたことはないこと」を「徹底的にやりきってみる」というスタイルがあって、**カメラの前でひたすら商品をレビューしたり、手間をかけてドキュメンタリー風に仕立てたり、構成はさまざまです。**

　たとえば、メントスをコカ・コーラに入れると「ブシューッ！」と暴発する動画[22] でコカ・コーラの売上が 15% 伸びたといわれています。オーセンティシティの象徴のような動画です。

　また、「キャンディーは燃料になるのだろうか？」「その燃料でロケットは飛ばせるだろうか？」という疑問をキャンディーメーカーが各界の専門家の知恵を借りて実現する企画は、徹底的にやってみる姿勢が視聴者の関心を惹きつけています[23]。

　さらに米国のミキサーメーカー Blendtec 社は自社製ミキサーの機能性を伝えるために、さまざまなモノをミキサーに投入して破壊できるかどうかを実験する「Will It Blend ?」を配信しています[24]。2010 年に新発売の iPad を破壊した動画が大変話題になりました。

[22] https://www.youtube.com/watch?v=9vk4_2xboOE
[23] https://www.youtube.com/watch?v=80gwq7vNtUw
[24] https://www.youtube.com/watch?v=lAl28d6tbko

Section
21

伝えるためのメソッド⑩
ミニ番組

》》》企業が提供するチャンネル

「Will It Blend ?」（3-20 参照）がさまざまなものを壊し続けるように、自社製品・サービスをテーマに一連の動画を制作・配信しているさまは、テレビの一社提供のミニ番組を連想させます。ミニ番組とは 3 〜 5 分程度のテレビ番組です。『世界の車窓から』『おふくろ、もう一杯』など週 1 回、かつ長期間放映されるものが多いです（表 3-3）。

ミニ番組の特徴は 2 つあります。1 つは一社提供であるということです。60 分のドラマやバラエティなどは「ご覧のスポンサーの提供で……」というナレーションのとおり、複数社の提供が一般的です。提供される CM は番組と番組の間に流れ、本当に見たい情報（ドラマの本編）の流れを途切れさせます。ミニ番組は放映後に提供社の CM が流れますが、3 〜 5 分の本編もまた CM 的要素があります。

たとえば、チョーヤが提供している『ゆっくり私時間』は、毎週金曜日の 22:54 から放映されており、その内容は土日（休日）に時間をかけて行うと気持ちがホッコリしっとりするような暮らしの提案です。

サングリアづくり、苔玉づくり、靴磨き、染め物、季節のリースづくりなど手間暇かけた丁寧な時間の過ごし方を提案した流れの後に、ウメッシュの CM がすっと入ってくると、そうした時間のお供に「ウメッシュを買おうかな」と思わせるものがあります。

ミニ番組は企業イメージの向上やメッセージの発信手段としても使われています。水処理装置・水処理薬品の製造・開発を行う栗田工業は『水彩物語』という日本各地の川、池などの名水を紹介するミニ番組を一社提供していました。「水処理」という自社のソリューション・製品と、番組のテーマが合致して「このような自然を守ろうとしている企業なのだ」というイメージを視聴者に抱か

せます。

　かつては東芝が『サザエさん』を一社提供していましたが、『サザエさん』を見ても東芝製品を購入したり、東芝が発信したいメッセージを受けとったりする視聴者はごく少数だったと思います。

　ミニ番組は視聴者にとって役に立つ情報を提供することで、自社のイメージやメッセージを色濃く反映するものでありながら、嫌われることなく視聴してもらうことのできる貴重な枠になっています。

　ミニ番組の2つ目の特徴は、制作コストが低く済むことです。**ミニ番組はコンセプトさえ決まれば「次は何？」「次はどこ？」「次は誰？」と次の対象を決めるだけで済むため、企画コストが低く済みます。**

　また映像の流れも大枠の型ができているので、構成を考える手間もなくすことができます。「Will It Blend ?」には明確な型があります。「今回破壊する物」が登場し、ミキサーで破壊し、前後に社長のコメント、メッセージが入ります。この型さえできてしまえば、毎回動画の企画や構成に頭をひねる必要はありません。

概要	広告主の商材などを直接出さないが、番組テーマがスポンサーブランドや商材を体現する	
	よくわかる	一見わからない
番組例（スポンサー）	ゆっくり私時間（チョーヤ）	世界の車窓から（富士通）
	水彩物語（栗田工業）	美少女ヌードル（ZOZOTOWN）
	世界の窓（YKK AP）	港時間（DMG森精機）
	白の博物館（POLA）	気づきの扉（ユニクロ）
	ぴかぴかマンボ（花王）	アイデアの方程式（日立物流）

表3-3　企業のミニ番組の比較

Web 動画ではミニ番組的な動画を見ることはまだありませんが、北欧暮らしの道具店が制作・配信している『モーニングルーティン』は企業のミニ番組的な Web 動画の嚆矢^{こうし}といえるでしょう。

》》》ミニ番組で企業メッセージを伝える

これまで企業メッセージ動画はしっかりと予算をかけて、数年に一度、周年記念事業的に制作されていましたが、**ミニ番組的な手法でも企業メッセージを伝える動画を制作することが可能です。**定期的にコツコツ伝えることで信頼を得て、顧客や見込客がミニ動画番組の配信を楽しみにするような、そんな新しい関係を築ける可能性があります。

ミニ番組的な Web 動画制作は海外では BuzzFeed などのメディア企業を中心に増えています。ミニ番組とはいわず、1 つのテーマで制作する「シリーズ番組」とよばれていますが、1 本きりの動画と比べて視聴者が戻ってくるため、定期的にメディアのオーディエンス（読者・視聴者）が視聴するコンテンツに対して広告主が予算を投じて制作を後押ししています。

なおミニ番組の中には、一見なぜその企業がその番組を提供しているのかがわかりにくい番組もあります。富士通社が提供する『世界の車窓から』はミニ番組のなかでも最長寿の部類に入る、コアなファンも多い番組ですが、同社が提供するソリューションと『世界の車窓から』が結びつく人は多くないでしょう。

各社各様の思惑があります。不特定多数の、自社と関係性の低い視聴者を対象に、企業イメージの向上を目的にしていれば、自社および自社の製品イメージと動画のテーマ・内容が結びついていなくてもいいかもしれません。

しかし、メルマガの会員やコミュニティなど関係性が近い視聴者であれば、イメージとテーマが結びついている動画になっていた方が望ましいです。

伝えるためのメソッド⑪
レビュー

>>> Web発の独自の切り口

　日本のYouTubeでも「レビュー動画」や「開封の儀」（新製品の箱を開けていく様子を撮りながら商品をレビューする動画）がありますが、その元祖になっているのが、食玩のレビュー[25]、組み立て、ままごと動画です。こうした動画は知る人ぞ知るニッチな商品解説に応用でき、撮影対象に対する独特のこだわり、偏執的な視点などがあれば、誰もが知るような商品であっても視聴者の注目を集めることがあります。たとえば、「elevaTOURS」はエレベーターが大好きな人が、エレベーターのデザインや内装、ボタンのフォルム、押し具合、スピードや静かさといった機能などをカメラ片手にレビューしていく動画です[26]。これまでYouTubeで合わせて2億回近く再生されています。

　「elevaTOURS」は個人で勝手に始めたのですが、いまでは世界各地でホテルや商業施設がオープンすると、エレベーターのレビュー動画制作を依頼されるまでになったそうです。こうした方に自社製品のレビュー動画を費用を支払って制作・配信してもらう手もあります。

　Web発の独自の伝えるメソッドとしてはレビュー以外にも、ゲストをホストの車に招いて大声で歌う「Carpool Karaoke」[27]、子どもに流行の人・物・コトを見せてコメントをもらう「KIDS REACT」[28]、まったく異なるお菓子同士を組み合わせて新しいお菓子を生み出す「THE FOOD SURGEON」[29] などの動画が参考になります。

---

[25] https://www.youtube.com/watch?v=R91WnllMcNA
[26] https://www.youtube.com/watch?v=uEfA8eD5Wa4
[27] www.youtube.com/watch?index=30&list=PLUoo_Dk_VVkWOJsannrrPjkrsCNtpF4WE&v=Nck6BZga7TQ
[28] https://www.youtube.com/watch?v=okjoL7w7b_o&list=PLFCAA1C9F5755B266
[29] https://www.youtube.com/watch?v=jxT59kF4jVw

Section
23

「つくる」のあるべき
状態を決める

>>> さまざまな事例から学ぶ

　ここまで編集テクニックを駆使しなくても動画を制作できる多種多様なメソッドを紹介しましたが、「ストップモーション」「インサート」など他にもまだたくさんのメソッドがあります。

　数多くのメソッドを知っていたり、使いこなせたりすることは有利ではありますが、動画活用はあくまで目的実現のための手段に過ぎません。**肝心なのは、これらの手段を目的の実現に適うように選択することです。**「あの動画が格好よかったからあんな風にしたい」「あの動画で見たあんな演出を自分たちの動画でもやりたい」といったようにわかりやすく、よい動画ほど印象に残ります。

　そのため、つい見た目の表現に目を奪われ、そのアイデアに心を奪われてしまいがちです。でも、それは手段と目的が逆転する入口であり、動画活用の失敗のもとです。

　それを防ぐためには「つくる」のあるべき状態を考える必要があります。動画活用の成功の定義を実現するために、「動画の内容がこうなっているべきだろう」という定義が、使用する動画のメソッドの選択と制作する動画の内容を決定することを助けてくれます。

「つくる」のあるべき状態	目的	営業活動を効率化したい
異なる切り口、お客様の商圏や属性に応じた商品の提案動画ができている	成功の定義	商品の魅力や特徴の情報を少ない時間で動画化し、見込客とのタッチポイントを増やし、見込客の商品に対する理解度が上がっている

図3-16 商品利用提案における「つくる」のあるべき状態の例 その1

「つくる」のあるべき状態	目的	営業活動を効率化したい
導入の決め手になってきた製品の使い勝手などを紹介できている	成功の定義	商談中に製品知識の浅い営業社員でも、売れている営業社員の製品紹介動画をその場で見せることで、商談機会を逃さないようになっている

図3-17 商品利用提案における「つくる」のあるべき状態の例 その2

　実際に、「つくる」のあるべき状態から、どんなメソッドを使い、あるべき状態を実現するためにどんな動画が制作できるか考えてみましょう。

　見込客や顧客への商品利用提案であれば、「プレゼンテーション」が有効です（図3-16）。プレゼンテーションはパワーポイントなどで資料を作成し、それを投影して話している様子を収録するだけなので、「異なる切り口、お客様の商圏や属性に応じた」提案であっても、コストを抑えて制作できます。

　同じ目的でも、成功の定義とあるべき状態が異なれば、使用するメソッドも変わります。図3-17では「製品の使い勝手」という表現がポイントです。道具・機器の、使い手から見た具合のよしあしを伝えるには、「テレビショッピング」が使えます。商談中に必要に応じてすぐに視聴してもらえるよう、尺は長すぎず30〜60秒が妥当でしょう。

　講師が授業で大切にしていることを伝えるには、実際に講師に「インタビュー」をして、話している言葉のうえに授業の雰囲気がわかる動画をかぶせていくメソッドが使えます（図3-18）。

　「講師と生徒の距離が近い」という言葉がインタビューの中にあれば、その言葉通りの講師と生徒の様子の動画を流すことで、信憑性が上がります。受講生の「このくらいの期間でここまで話せる」という情報を伝えるには、入学当初の語学力と所定の受講期間を経たあとの語学力の違いを、「比較」で見せれば説得力が上がります。

　ITシステムなど目に見えないソリューションの場合は、「擬人化」が使えますが、あるべき状態の表現から別のメソッドを組み合わせて内容を考えることができます。

「つくる」のあるべき状態	
講師が授業で大切にしていること、授業の雰囲気がよくわかる	**目的** 語学教室の体験入学・資料請求を増やしたい
受講生の受講期間別に、このくらいの期間でここまで話せるという目安がわかる	**成功の定義** 授業を担当する先生の人となりや、受講者の外国語によるインタビューを伝え、「こんな人から教わりたい」「こんな人のように話せるようになりたい」と思ってもらう

図3-18 インタビューの「つくる」のあるべき状態

「つくる」のあるべき状態	
多様なセキュリティリスクに応じた機能が備わっていて、お得感が伝わっている	**目的** セキュリティソフトの認知度を向上させたい
	成功の定義 在宅ワークには多様なセキュリティリスクがあることが理解されている

図3-19 擬人化の「つくる」のあるべき状態

　図3-19では「多様なセキュリティリスク」と表現しているので、多様さを表現するために「収集」を組み合わせることで、セキュリティを擬人化して表現し、ありえる在宅ワークのリスク一つひとつに対応しているという内容が企画できそうです。あるいは、「ランキング」を使って在宅ワークの危険度ランキングにしてもよいかもしれません。

　動画の企画は担当者が1人で悶々と考えるよりも、関わる人々でアイデアを出し合った方がよいこともあります。製品のマーケティング担当者が販促動画をつくる場合、自分自身が「この製品の良さ・魅力はこれだ」と思いこんでいると、いくらメソッドを駆使して動画をつくったとしても、視聴者の心理や行動に影響を与えることはありません。

　自分がまだ気づいていない、見落としている製品の特徴や、製品購入をため

らう視聴者の困りごと・悩み・不安があって、それを解決する動画をつくることで、動画が効果を出せるようになります。このような場合は、マーケティング担当者だけではなく、営業担当者が商談で製品説明するとき「どのような情報を提供すると導入に結びついているか？」やサポートセンターに「どのような質問・問合せが来ているか？」という情報を収集したり、企画に参加してもらったりすることをおすすめします。

　予算にもよりますが、**テレビ CM でもない限りは制作動画の種類は 1 つ、本数は 1 本に限る必要はありません。**動画広告として使用する場合であっても高度なターゲティングができるいま、視聴者の属性に合わせた動画化価値についてメソッドを使用したり、異なるメソッドを組み合わせたりしながら、複数の動画を制作することができます。

〉〉〉「つくる」の動画戦略図を書くポイント

　動画戦略図の「つくる」の部分を書く際のポイントは、**制作する「動画の内容」を思いつく限り書き出すこと**です。1 つの製品に存在する複数の動画化価値を制作するなら、それらの動画の内容を一枠ずつ記述します。

　見込育成に必要な「製品概要紹介動画」「事例インタビュー動画」「機能紹介動画」など、種類が異なるものも一つずつ記載します。必要と思われる動画の内容を一つずつ記載して、重要度の高いもの・制作しやすいもの・配信時期が迫っているものなど、状況に応じて制作する順番を決めていきます。

　内容によっては予算や技術の都合で制作できないものもあるかもしれません。そうしたとき、制作する動画の数が 1 本しかないと、その動画が視聴者に影響を与えられなかったとき、次の手を繰り出すことができず、動画活用の施策はそこで終了してしまいます。初期段階ではできるだけ豊かな選択肢をもっておきましょう。

Chapter

4

動画を「とどける」

動画をどこに置き、どのように見てもらうか?

>>> 媒体と筐体を把握する

　「とどける」では、成功の定義を実現するために制作した動画が「どのように視聴されているべきか」を定義します。動画が視聴者のもとにとどき視聴されるまでには、いくつかの手順と手段があります。

　まず、制作した動画のデータは動画を配信するための専用サーバー、ホスティングプラットフォームや共有サイトなどに「おく」必要があります。おいた動画はプラットフォーマーなどが提供する動画プレイヤーを通じて各種メディアで配信されます。電車や商業施設にあるサイネージなどであれば、そこで動画は再生され続けています。視聴者がそれに気づけば視聴したとみなせますが、Webメディアの場合は動画の存在を視聴者に知ってもらわなければ、視聴されることはありません。

　固定的かつ継続的な視聴習慣をもつ読者がいるビジネスメディアや専門分野のWebメディアであれば、そこに動画を配信すれば視聴してもらえるかもしれません。しかし雑誌と違い、インターネットのコンテンツが膨大になり、ニュースメディアやSNSなどさまざまな場所で情報にアクセスできるようになっているいま、意識して特定のメディアのコンテンツを継続的に視聴する読者は少なくなってきています。自社が所有するメディアだけで動画を配信するなら、なおさらメールなどで動画の存在を視聴者に知らせる必要があります。

　視聴者は自分が所有するPCやスマートフォンといった筐体から、検索やメールなどを通じてWebメディアを訪れ、プレイヤーの表示とともに動画を再生します。このように、動画のデータを「おく」場所、そこに「うつる」媒体やメディア、そして「みる」筐体でどのような手段を選択するかが「とどける」の範疇になります（図4-1）。

　動画は「つくる」ことに多くの注意や調整、コストをかけてしまうため、「と

どける」ことが疎かになりがちです。「とどける」の基本戦略は、制作した動画のポテンシャルを十分に引き出すよう動画をおく場所とプレイヤーがもつ機能の選択、配信するメディアの選択を行うことはもちろん、予算や人的リソースが許すかぎり、配信するのにふさわしいメディアにはすべて配信し、視聴者の母数を増やしていくことです。

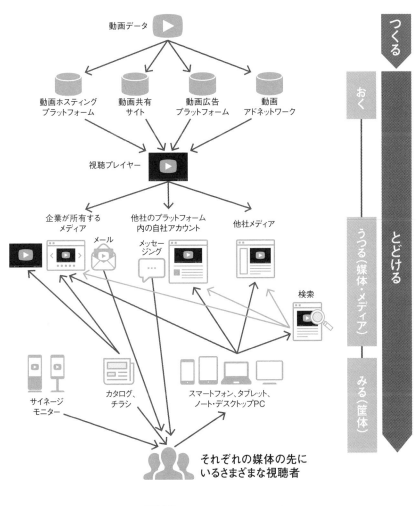

図4-1　動画をとどける領域

>>> 動画共有サイト

　動画を「おく」場所には、YouTube などの動画共有サイト、SNS などで動画広告を配信するためのプラットフォームや、さまざまな Web メディアに動画広告を配信するためのアドネットワークがあります。どれを選ぶ・選べるかは目的や予算によって異なります。

　動画共有サイトは YouTube を筆頭に Dailymotion や Vimeo といったサービスがあります。動画共有サイトを利用するメリットは 2 つあります。

　1 つ目のメリットは、**ほとんどのサービスが無料かつ無制限に使用できること**です。通常ホスティングサーバーは有料で、ファイルサイズやトラフィック量によって料金が異なります。動画コンテンツはテキストのコンテンツよりもかなり重く、サーバーに大きな配信と保存負荷がかかります。いまの時代、サーバーの動作が遅れて動画の読み込みに時間がかかってしまうと、視聴者はブラウザを閉じてしまいます。視聴者が多ければ多いほど、こうした負荷と料金が高まっていきます。ところが、YouTube のビジネスモデルは圧倒的な量の広告で成り立っているため、配信と保存費用をゼロにする戦略をとっています。動画制作費用に多くの予算を割いてしまっている場合、配信・保存費用をゼロにできるのは大きな魅力です。動画共有サイトが提供する視聴プレイヤーのコードを自社サイトに埋め込むことで、多くのトラフィックに悩まされることなく、コストをかけずに動画配信が可能になります。

　2 つ目のメリットは、**多くの視聴者がすでに動画共有サイトにいる**ことです。視聴者の獲得にも本来はお金がかかります。それがゼロになるのも大きなメリットです。しかし、膨大な数の多種多様な動画コンテンツの中では、自社のコンテンツが埋もれてしまう傾向にあります。視聴者がいるからという理由で、YouTube に動画をおいた結果、多額の予算を投じて制作した企業紹介動画やシティプロモーション動画がまったく再生されなかったという事例はよくあります。

　動画共有サイトにはデメリットもあります。使用するサービスによっては自社の動画に広告が差し込まれたり、動画視聴後に表示される「おすすめ動画」よって自社以外の別の動画に遷移されたりします。また、動画プレイヤーに動画共有サイトのサービス名やロゴが表示されたりします。

動画共有サイトは動画を利用して自社の Web サイトへのトラフィックを増やし、新しい視聴者にリーチしたい、新しい見込客にアプローチしたいという目的により適しているといえます。

　1 つ注意したい点として、会社の PC で YouTube などの動画共有サイトの視聴を禁じている企業があることです。動画を視聴してほしい視聴者の環境がどうなっているかは事前に調査しておくべきことです。

≫≫ 動画ホスティングプラットフォーム

　動画ホスティングプラットフォームは、ビジネス向けに開発・提供されています。利用料はかかりますが、無料の動画共有サイトにはないマーケティングやセールスに活用するためのさまざまな機能を有しています。Wistia や Brightcove といったサービスのほとんどは、視聴者をもっていません。

　しかし、新しい視聴者の獲得が動画の主目的ではなく、見込客の育成や顧客の自社サービスの継続利用が主目的な企業、また顧客ごとにパーソナライズした体験を提供するデータに重きを置くビジネスや、長期的な販売プロセスに重点を置く企業に適しています。デジタルマーケティングや営業活動のデジタル化に取り組んでいる企業であれば、なおのこと動画ホスティングプラットフォームの方が適しています。むしろそうした企業でなければ、動画ホスティングプラットフォームがもっている機能を十分に使いこなすことができません。機能も価格も過剰です。また限られた顧客やセールスパートナーなど視聴者を制限したい場合、IP アドレス制限やパスワードをかけられる機能をもつプラットフォームもあります。情報の管理を厳しく行いたい企業ほど、動画ホスティングプラットフォームの利用を推奨します。

　サービスによって差異はありますが、配信した動画の「誰が、いつ、どの動画を、どの部分を注視しているか？」といった詳細な視聴データを取得できます。SFA（Sales Force Automation）や MA（Marketing Automation）ツールと連携して、配信した動画の視聴動向に応じて、次に見てほしい動画を自動的にメールで配信することもできます。こうしたプラットフォームの視聴プレイヤーには、視聴者の視聴履歴に応じたおすすめ動画も表示されません。動画プレイヤーもサービス名が入ることなく、自社サイトへの埋め込みや SNS などへの投稿も

プラットフォームからワンストップで投稿することができます。

　また、目的に応じて視聴プレイヤーの機能を取捨選択できるのもメリットです。動画の自動再生、クリック再生、ループ再生、再生ボタンの色の選択、動画視聴中や視聴後の画面に入るCTA（Call To Action）やアンケートなどの各種フォームの設定、視聴者からの意見、質問などのコメントを受け付ける機能、長尺の動画に適したチャプターや再生速度の指定機能、動画のサムネイルにマウスオーバーすると内容をダイジェストで表示する機能などがあります（図4-2）。

　CTAは動画の視聴後に任意のWebページへのリンクをメッセージと共に表示させたり、フォーム機能ではフォームに入力された内容によってシナリオが分岐し、別の動画を再生したりするといった機能を有するサービスもあります。また、タグづけされた動画内の製品をクリックすると、製品購入ページに遷移することもできます。YouTubeなどの動画共有サービスにも一部の機能は備わっていますが、マーケティングやセールスに活用するという点では、動画ホスティングプラットフォームのプレイヤーに一日の長があります（もっとも、YouTubeがこの分野に手を伸ばし、有料・安価にこうした機能を提供しないとも限りません）。

　海外にも展開する企業の場合、製品紹介動画を各国の言語に翻訳して複数本制作しますが、YouTubeのプレイヤーについている翻訳機能を使えば、わざわざ複数言語の動画を制作しないで済みます。

　動画をおく場所の選択は、コストだけでなく、自社の動画活用の目的と成功の定義に適うかどうかで決めるようにしましょう。

≫≫≫ 動画広告プラットフォームとアドネットワーク

　動画広告プラットフォームとアドネットワークは、**動画を広告として認知獲得、新規視聴者の獲得目的で使用します。**各SNSのタイムラインや各商業メディアの広告枠に動画を表示する仕組みは、既存のテキストやバナー広告と変わりありません。配信する動画が視聴者が閲覧しているメディアで、どのように表示され、どのような視聴体験を視聴者に与えるかに配慮する必要があります。

　ただでさえ本来見たいコンテンツが別にあって、その前後や脇に表示される

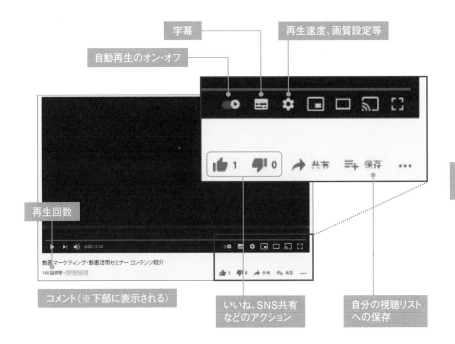

字幕

再生速度、画質設定等

自動再生のオン・オフ

再生回数

コメント（※下部に表示される）

いいね、SNS共有
などのアクション

自分の視聴リスト
への保存

動画マーケティング・動画活用セミナー コンテンツ紹介
160 回視聴・

図4-2 動画ホスティングプラットフォームのUI画面例

邪魔な広告です。お目当ての記事コンテンツをスマホで閲覧しようとすると、ヘッダーの部分に動画プレイヤーが表示され、見たい記事が見られない仕様になっていたり、記事を閲覧していると文章の間から動画プレイヤーが現れ、強制的に動画を視聴させたりする仕様になっているメディアがあります。

　動画は視聴されなければメッセージが伝わらないため、視聴者に強制的に動画を数秒視聴させます。それで興味があれば続きをご覧ください、なければ広告を閉じてくださいという仕様が多いです。自社の動画コンテンツが視聴されたとき、視聴者はメディアの広告の仕様ではなく、視聴させられた動画コンテンツを邪魔なものと認識してしまいます。コンテンツの閲覧、視聴を邪魔しない、不快に思われない動画づくりが求められます。

Chapter

4

動画を「とどける」

動画広告枠を
使い分ける

　せっかく制作した動画が視聴者にとって邪魔な存在にならないよう、一般的にどのような動画広告枠があるのかを知っておきましょう。

》》 インストリーム広告

　YouTube などの動画プラットフォーム内、もしくは外部サイトに埋め込まれた動画視聴プレイヤーで、**動画再生時に流れる広告**です。5 〜 6 秒後にスキップできるものやできないものがあり、自動再生されるため強制的に視聴させられます。広告の種類のなかでももっともテレビ CM 的です。

》》 インバナー動画広告

　Yahoo! などの情報ポータル、Google ディスプレイネットワークを利用する各メディアのページに表示されます。**視聴者のお目当てのページの一部分に表示される**分、強制力は強くありません（表示される位置・サイズによります）。

》》 インリード動画広告

　各種ポータルサイトやメディアの記事で表示される動画広告です。記事の一部分に動画が流れる枠があったり、記事部分が上下に割れて広告が再生されたりするものがあります。広告によってはページ全体を占有するものもあるので、視聴者に嫌われないように、広告の表示のされ方に気をつけた方がいいでしょう。

》》 インフィード広告

　Twitter や Facebook などの **SNS のタイムラインやフィードで流れてくる動画広告**です。「プロモーション」と表示されるものの、タイムライン上にコンテンツとコンテンツの間に表示されるため、目当てのコンテンツの視聴をあか

らさまに邪魔しません。

投稿の1つのように見えることで、ブランド認知であればテレビ CM やその他の媒体でも使用している動画広告を使用し、興味関心を喚起する段階では Twitter 専用の動画コンテンツを配信するという使い分けもできます。Chapter 3 で紹介した「ミニ番組」とも相性がよいです。

自動再生されるものとされないものがあり、視聴者にスクロールされないための工夫が必要です。広告枠の仕様で、一般的な 16:9 の横型ではなく、1:1 のスクエア型や縦型が選べるほか、動画に目立つ色やサイズおよび表現のテキストを入れることができます。Twitter ではライブストリーミング動画を配信する仕様もあり、動画の種類によって多様なメニューが用意されています。

≫≫ ストーリーズ広告

Instagram に「ストーリーズ」というユニークな機能があります。24 時間限定で消える投稿で、フォロワーのタイムラインにも流れず、自分のプロフィールにも残らないことから、気軽に投稿できる機能として利用されています。

ストーリーズ広告はストーリーズ欄に配信され、クリックすると縦型フルスクリーンで広告が表示されインパクトがあります。

≫≫ OOH や各種施設でのサイネージやモニター広告

一般的な Web サイトでの広告枠のほかに、トレインチャンネルや駅ナカ、タクシーなどの交通広告枠、ショッピングモールやスーパー、医院や薬局といった各種施設に設置されたサイネージやモニターで流れる動画広告もあります。とくにすることもない空間で流れる動画広告は、他の広告枠に比べて視聴者の邪魔にはなりにくいかもしれません。

いずれの広告枠を使用するにしても、意識しておきたいポイントは音声です。**動画視聴を前提としているインストリーム広告では、基本的には音声がオフの状態で再生されるため、テロップ・字幕の利用を前提に企画・制作することをおすすめします。**

Section 03 最適な媒体を選ぶ

>>> 3つの媒体

　動画をおく場所を決めたら、視聴者が動画をみるための媒体を考えます。媒体には大きく3種類あります。

● 自社が所有する媒体
ホームページ、ランディングページ、ブログ、メール、紙のカタログ、チラシ、自社の店舗に設置するサイネージ、営業社員や店員のPC・タブレットなど

● 他社のプラットフォーム内の自社で管理できる媒体
Twitter、Facebookなどの SNS、YouTubeなどの動画共有サービス、Amazonなどの EC モール

● 他社が所有する媒体
ビジネスメディア、ニュースメディア、各種業界・専門メディア、自社店舗や商品が出店・出品する商業施設に設置されるサイネージ、ポスターなど

　動画が配信される媒体の多くはオンラインですが、店舗などに設置されるサイネージやモニター、紙の製品カタログやチラシといったオフラインの媒体もあります。各媒体の特徴、メリットは表4-1のようになります。

>>> 自社が所有する媒体

　自社が所有する媒体は、目的実現に適切で使えるものがあれば全部使いたいところです。製品の販売促進が目的であれば、製品紹介ページへの配信はもちろん、紙のカタログやチラシがあればそこに QR コードを記載して、紙だけで

	自社媒体	プラットフォーム	他社媒体
視聴者	自社顧客、検索、広告などを通じて流入	投稿を気に入ったフォロワー、広告などで獲得したフォロワー	他社媒体の読者、会員、検索・広告からの流入者
視聴者の母数と獲得コスト	少ない 広告や展示会などを通じて集める	プラットフォームユーザーは多いが、自社アカウント開設時はゼロ	多い 低（他社媒体に既に存在する）
視聴者の属性	特定少数	特定多数	不特定多数
動画を届けるコスト	低	中（出稿すれば高く、ただ投稿するだけなら低い）	高（広告出稿）
向いている目的	新規視聴者の育成 既存視聴者との関係性構築、維持	既存視聴者との関係性構築、維持	新規視聴者獲得

表4-1 3つの媒体それぞれの特徴

は伝わりにくい製品の特徴を動画で伝える工夫ができます。

製品が大きく商談の現場にもち込めなかったり、現場に持参した製品以外の製品に顧客が興味を示したりする場合などに、営業社員が自分の PC から素早く当該製品の紹介動画にアクセスして見せるという使い方もあります。

自社が所有する媒体には無料で動画を配信できますが、注意点がいくつかあります。1つは、**ホームページでもランディングページでも動画を配信できる仕様になっているかどうか**の確認です。利用する動画共有サービスやホスティングプラットフォームの動画視聴プレイヤーを埋め込むことができるかは、担当部署に必ず確認してください。動画制作ツールを導入し、動画制作後に自社サイトでは配信できない仕様だったことが筆者の経験でもありました。

また、ホームページやブログのコンテンツを更新するために使用している CMS（Contents Management System）が動画を扱うことができるかも確認しておきましょう。

2つ目の注意点は**自社媒体には視聴者はほとんどいない**ということです。よほど熱烈なファンでないかぎり、定期的にホームページやブログを閲覧しに来

る視聴者はいません（いたらマーケティングや広報チームが素晴らしい仕事を
しています）。そのため視聴者を新しく獲得するか、自社が所有するメールアド
レス（リスト）を視聴者と捉え、動画の存在を知ってもらわなければなりませ
ん。

　そこで企業が展示会や日々の営業・マーケティング活動で集めた見込客や顧
客のメールアドレスを活用します。すでに見込客育成の施策としてメールマー
ケティングに取り組み、定期的にホワイトペーパーなどのコンテンツを定期的
に配信していれば、そこに制作した動画を載せるだけで済みます。

　このとき、重複しているアドレスや無効になっているアドレスがないかを整
理する必要があります。無効になっているアドレスに対してメールを送り続け
るとスパムと認識され、有効なメールアドレスに送っても迷惑メールに分類さ
れるリスクがあるからです。

　ただ、必ずしもメールアドレスや運用体制が整っている必要はありません。
裏を返せば、動画活用はいままで取り組んでこなかった**デジタルマーケティン
グやメールマーケティングに着手したり、仕組み化されていなかった体制を整
えたりする絶好の機会**でもあります。使えるリソースは何でも使って視聴者を
獲得しましょう。

　営業社員が名刺に自社のYouTubeチャンネルへのQRコードを記載して名刺
交換したり、紙の請求書を入れた封筒に動画を始めたことのお知らせチラシを
同梱して送ったりして、動画視聴やチャンネル登録を促す施策を展開している
企業があります。こうした施策は「とどける」ではなく、「まわす」に属するも
のですが、「つくる」「とどける」「まわす」が相互に影響し合うということは
Chapter 1で解説した通りです。

　また、「とどける」は「つくる」に影響を与えることも思い出してください。
企業が所有するメディアは、広告経由でなければ視聴者が能動的に行動して、
わざわざ見に来てくれるところです。

　お目当ての情報が載っているページにやってきて、その情報をより深くより
簡単に理解する役割が動画には期待されています。過剰なクオリティや演出は
不要です。テキストで十分に商品の特徴が伝わっているページに動画を配信す
るのであれば、動画化価値の高い情報を絞り込んだ動画にすべきです。

》》》 他社のプラットフォーム内の自社で管理できる媒体

●企業アカウントを管理する

　他社のプラットフォーム内の自社で管理できる媒体とは、Twitter、Facebook、Instagram などの SNS や YouTube などの動画共有サイトと、そこで開設することのできる自社アカウントを指します。

　動画を視聴するフォロワーは企業のアカウントをフォローしたりチャンネル登録したりすることで、その企業の投稿を自分のタイムラインやマイページで視聴します。プラットフォームの動画広告サービスを使用すれば、フォローやチャンネル登録の有無に関係なく強制的に動画を表示・視聴させることができます。

　直接企業のアカウントをフォローしていないユーザーでも、友人・フォロー関係にあるユーザーアカウントが企業アカウントの投稿をシェアすれば、その企業の投稿を視聴する可能性があります。

　SNS などのプラットフォームは、関係性の近い視聴者とその先にいる未知の視聴者とつながるチャンスのある場所です。このシェアによる拡散力に期待して、いわゆる "バズ" らせるための動画制作が行われてきました。

　この他、**企業アカウントへの投稿に対し、フロワーたちがシェアだけでなくコメントを残してくれるのも魅力**の一つです。フォロワー（ユーザー）とコミュニケーションをすることに価値を見いだしている企業にとっては、非常に価値のある媒体です。

　ユーザーは何らかの理由でその企業が投稿したコンテンツを気に入ったり、その企業の製品やサービスが好きでフォローしてくれたりしています。広告目的ではなく、視聴者との関係性を維持し、企業が発信する情報を継続的に目に入れてもらうために、フォロワーやチャンネル登録者が喜んだり役に立ったりする内容が望ましいでしょう。

　また、SNS アカウントは動画コンテンツだけではなく、テキストや画像コンテンツが中心になっているはずです。自社のアカウントのもつ文体や口調などの "らしさ" と相乗効果が出るように活用ください。

　広告として投稿する際は、「PR」「プロモーション」などと表示されます。

フォロー・フォロワー関係ではなく、突然表示される見知らぬ企業アカウントの投稿は、あっさりスルーされます。

●インフルエンサーと協力する

　他社のプラットフォーム内の自社で管理できる媒体で動画を配信するとき、候補として加えておきたいのがYouTuberなどインフルエンサーや著名なブロガーです。

　彼・彼女らはプラットフォーム内で動画配信している点では企業アカウントと変わりはありませんが、固定ファンがついています。**トップクラスのインフルエンサーであれば、チャンネル登録数やフォロワー数、投稿した動画などのコンテンツへのエンゲージメント（投稿へのコメントやいいねなどの数）は企業アカウントよりもはるかに高いです。**

　インフルエンサーに自社製品と報酬を提供し、レビュー動画を制作してもらい、本人のチャンネル・アカウントで配信してもらうことで、インフルエンサーのファンやフォロワーに製品の存在を知ってもらうことができます。

　多くのインフルエンサーは、元々は動画制作や編集のプロではないため、機材もプロ仕様のものではない人が多くいます。それが日々動画を制作する中でさまざまな技術や知識を身につけてクオリティを上げていますが、それよりもオーセンティシティに溢れていることが特徴です。

　知名度はない代わりに視聴者との距離が近く、制作する動画には過度の編集・演出、ウソがありません（大げさなリアクションはあります）。「つくる」でも紹介したメントスの動画などはその好例です。

　現在ではさまざまなニッチな分野にインフルエンサーがいます。ニッチであるほどコアなファンがついています。制作プロダクションには動画制作しか依頼できませんが、インフルエンサー（YouTuber）であれば動画の制作と配信をまとめて外注できるというメリットがあります。

>>> 他社が所有する媒体

　他社が所有する媒体には、ニュースメディアやビジネスメディア、各種業界専門メディアなどさまざまな種類があります。大別すると記者や編集者などが

コンテンツを制作する機能をもつコンテンツパブリッシャーとしてのメディアと、コンテンツプロバイダーから提供されるコンテンツが集まるプラットフォームとしてのメディアがあります。

ここでは主に前者の媒体に動画を配信する方法を説明します。一般的な配信手段は広告出稿で、ディスプレイ広告枠や記事広告、媒体の体裁とほぼ同じ体験を提供できるネイティブ広告といった種類があります。広告以外には、媒体社へのニュースリリースや寄稿・情報提供があります。

これらの媒体に動画を出す最大のメリットは、その媒体がすでにもっているユーザー（広告業界ではオーディエンスともよぶ）に動画を視聴してもらえることです。BtoBであればビジネスメディアがあり、IT、ファッション、食品、スポーツなど各業界やテーマに特化した専門メディアであれば、その媒体についている固定的な読者、会員が視聴対象になります。

各メディアはその特性を活かして、企業が提供するホワイトペーパーや製品資料をダウンロードした件数に応じて成果報酬を得たり、ウェビナー開催の集客と事務局機能を請け負って費用を得たりしています。

この機能を活用して、見込客獲得をしているBtoB企業も多いことでしょう。今後は、Chapter 3で紹介した「プレゼンテーション」の短尺・長尺のウェビナー動画をオンデマンドで配信して、その視聴数や視聴者データを出稿企業に提供するような商品も出てくるでしょう。

こうした媒体企業の特性を十二分に活用したいところですが、多くはアドネットワークに頼った動画広告の配信に対応しているだけです。ただ、これらの動画広告の視聴体験は、視聴者にとってよいものとはいえません。動画広告を配信する媒体がどのような動画の視聴体験を、ユーザーに提供しているかの確認が必要です。

≫≫ メディア企業の動画活用

動画広告を配信する場合、動画ファイルは出稿企業が制作したものを使用することがほとんどです。媒体社はそれを直接的、あるいはアドネットワークを通じて間接的に受け取り、自社媒体上でオーディエンスに配信します。

コンテンツパブリッシャーとしての媒体社にはもう一つ、コンテンツを企画・

制作する機能があります。**目の付け所が鋭い記事、ユニークな切り口の記事、それを単発で終わらせずシリーズ化して多くの読者の注意・関心を惹きつけるコンテンツづくりは簡単には真似できない大きな価値です。**

　しかし、記事制作のプロであっても動画制作のプロがいないことや、動画制作にはコストがかかる、クオリティが高くなければいけないといった固定観念から、媒体社が動画制作に取り組む例はとても少ないです。ユニークな視点・切り口、記事の制作・編集力を活かした動画の記事広告やネイティブ広告は、これからの媒体社の新たな価値になるでしょう。

　自社媒体とオーディエンスの関係性や文脈を考慮すれば、コンテンツをつくることが価値である媒体社であっても、テクニカルなクオリティの高さは必要条件ではありません。

　オーディエンスの情報を取得し、自社媒体の記事をどんな人が読んでいるのか、どんな記事を好むのかといった点を理解していれば、より視聴される動画が制作できます。ユニークな企画は媒体社が考えて、動画制作は出稿企業側がつくる体制もありえます。出稿企業が期待する視聴者の獲得を後押しするような記事広告やネイティブアドでの動画活用事例は、今後ますます増えてくるでしょう。

動画チャンネルで
1か所に集める

>>> 視聴者に効率的に情報や知識を提供できる

　目的によって配信する媒体は異なります。認知獲得、新規見込客の獲得であれば、他社が所有する媒体や他社のプラットフォーム内に広告として配信するのが定石です。ユーザーやファンとの関係性を維持し、ファンでい続けてもらうのであれば、他社のプラットフォーム内の自社アカウントから動画を投稿するでしょう。

　見込客の獲得から育成、カスタマーサクセス、ユーザーサポートなど広範な目的で使用する場合は、自社で所有する媒体での掲載がおすすめです。もっとも企業に関する情報が集まり、かつ管理できる場所だからです。

　しかし、自社が所有する媒体で動画を配信しようとすると、部署によって制作する動画が異なり、配信する先も異なります。製品紹介、製品の使い方や事例インタビューは製品紹介ページに、生産者や店員からの季節に合わせたおすすめ商品のレコメンド動画や、売れ筋商品情報動画などはブログページに、製品などについてのウェビナー動画はイベント告知ページに、Q&A動画はFAQページの回答ページにといった具合になりがちです。

　こうした動画運用の問題はChapter 5で詳述しますが、制作ガイドラインや動画のチェック体制を決めていないため、各部門・各人が思い思いに動画を制作し、配信していることに起因します。

　動画が自社の所有するメディアで、動画が分散してしまっていることのデメリットはそれほどありません。ただ、**分散している動画を1か所にまとめて配信することで、視聴者に手早く効率的に情報や知識、課題解決のアイデアを提供できるようになります。**この施策が「動画チャンネル」です（図4-3）。

　新しい見込客の獲得のために、製品の利用に必要な基本的な知識や考え方を解説したウェビナー風のオンデマンド動画を制作するとします。その内容を学

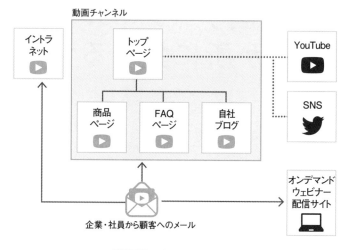

図4-3　動画媒体の整理

んだ見込客が、それを効率的に実現するための製品情報を知りたがるのであれ
ば、ウェビナー動画の近くで製品紹介動画を配信したいところです。また、そ
の製品を使用して成功しているユーザーのインタビュー動画も加えれば、信憑
性が高まります。製品事例、技術資料、ウェビナーを横断的に視聴したい見込
客には重宝がられるはずです。

　製品によって微妙に異なるユースケースがあり、それに応じて異なる製品ラ
インナップを用意している企業もあるでしょう。見込み客が探している製品紹
介動画ではない場合は、離脱を防ぐために類似するラインナップの製品紹介動
画を表示することがおすすめです。

　「動画チャンネル」施策はYouTubeチャンネルでも実現できます。関連する
動画を「再生リスト」やハッシュタグでまとめることができます。ただし、す
でに紹介したようにYouTubeは視聴者の履歴に応じておすすめ動画を表示す
るので、自社が視聴してもらいたい動画とは異なる場合があります。これは視
聴者が離脱する要因にもなるので、動画チャンネルを構築するコストと有用性
を加味して検討しましょう。また、YouTubeの視聴動向は自社で所有する見込
客や顧客情報とのひもづけができないため、SFAやMAツールを利用している
場合は、自前の動画チャンネルを開設することを推奨します。

検索結果を
媒体として使う

⟫⟫ Google 検索を活用する

　動画をみる媒体として、つけ加えておきたいのが「検索結果」です。ここでは Google 検索を対象にしています。

　Google で検索をすると検索結果の表示が文字だけでなく画像や地図、動画などユーザーが知りたい情報、役立つであろうコンテンツも含まれるようになりました。Chapter 3 でも触れた動画の強調スニペットのことです。検索クエリによっては動画のサムネイルだけでなく、動画のどの部分でどのような情報が再生されるのかが、表示されます。

　Google の検索結果は PC とモバイルで表示のされ方が変わります。再生位置の表示は、同じ検索クエリでも PC よりモバイルの方が多いようです。また、検索結果に表示される動画の強調スニペットを PC でクリックすると YouTube に遷移し、その動画に関連するテキスト情報や製品ページのリンクが表示されます。

　しかし、モバイルでクリックすると動画プレイヤーだけが表示され、YouTube ロゴをクリックして初めて関連テキスト情報などが表示されます。**ユーザーの検索クエリに対して信頼性の高い情報を所有していなければ、画像や動画は表示されないのです。**

　そこで、たとえば企業が取り組んでいる社会的なテーマについてのオピニオンメッセージや、自社製品の利用者インタビュー動画を制作してみることをおすすめします。再生位置の表示は、YouTube Studio（YouTube の動画管理・編集機能）で設定できるチャプターや字幕情報を元にしていると思われるので、制作動画には字幕やチャプターをつけることで、視聴者の知りたい情報、関心のある情報に素早くアクセスさせることができます。

》》》検索結果ページではサムネイルが大事

つくった動画が強調スニペットで表示されるようになったとしても、クリックされなければ意味がありません。そこでサムネイル画像を工夫することが効果的です。

サムネイル画像は強調スニペットで表示されるものです。YouTube Studio の管理画面では、複数の候補の中からサムネイルとして表示されるものを選ぶのですが、**この画像を工夫することでクリック率が数パーセントから十数パーセント変わってきます。**

食品の盛り付け方動画を例にすると、当初は図4-4左のように YouTube Studio で生成されたサムネイルを使用していました。このときのクリック率は平均して 4.2% でしたが、同図右のようにサムネイルを作成して差し換えたところ、平均 8.7% まで向上しました。

オリジナルのサムネイルは、YouTube Studio では「カスタムサムネイル」というメニューで 1 動画につき 1 つだけ設定できます。ハウツー動画であれば、検索しているユーザーが知りたいと思っていることのうち、「意外に知らないコツ」「豆知識」「え！ そうなの？」と思わせる情報をカットとテキストで表示するようにしましょう。

ウェビナーなどであれば、それを視聴してわかる・習得できる内容のテロップはもちろん、ウェビナーで投影するとっておきの蔵出しスライドなどを表示して、視聴者の興味・期待を高めておきましょう。

図4-4 検索結果画面のサムネイルを変える

メールやメッセージング
サービスでとどける

>>> 視聴者と個別につながる

　テレビCMであれば、目当ての番組を見ている視聴者がトイレに立ったり目をつむったりしない限り、強制的にCMを見せることができます。商業施設や電車やタクシーのサイネージで配信される動画も、信号待ちや満員電車でそれを見るしか時間をつぶせない環境であれば、半強制的に見せることができます。動画の配信が即視聴につながっています。しかし、企業が所有する媒体で動画を配信する場合、動画を視聴者の手元にあるPCやスマホに届けて、動画の配信媒体にまで来てもらう必要があります。そこを担うのが、メールとLINEなどのメッセージングサービスです。

　メールの場合、**HTMLメールであれば、動画視聴を喚起させるサムネイルを目立つ場所に置いて受信者に見せることができます。**メールで配信する動画はメールを開いた時点では再生されず、外部ページに遷移してから再生されます。このとき、視聴プレイヤーだけが表示されるリンクと、動画が埋め込まれているページへのリンクを選ぶことになるので、目的に合わせて使い分けてください。動画を視聴してもらいたい場合は動画だけが表示されるリンクが望ましいですが、動画視聴後に製品ページなどに遷移してほしい場合は、視聴プレイヤーの中にリンクを埋め込めるようなプレイヤーを選んでおく必要があります。なお、メールを開封した画面で再生される動画はGIFアニメの形式のもので、カクカクとした表現が活きるものであれば利用してもよいですが、あまり推奨はしません。

　メールマガジンで定期的にさまざまな情報を提供している企業であれば、メルマガ購読者だけが視聴できる産地紹介や工場内での製造・加工の様子がわかる動画を配信するのもよいでしょう。それがメルマガ登録を促す施策にもなります。ECを行っている企業であれば、今月の売れ筋ランキング動画、バイヤー

がおすすめするテレビショッピング動画などが制作できます。

〉〉〉 メールとメッセージングサービスのメリット

　メールを利用するメリットはリストを作成して、特定の属性の受信者に最適な内容を送れることです。展示会やセミナー、ホワイトペーパーのダウンロードなどで収集した見込客や顧客のメールアドレスの持ち主が抱える課題や興味は異なります。ですので、まったく同じ情報を一斉に配信したとしてもメールの開封率は高くなりません。課題や興味別にグループをつくり、リスト化して、それに合った内容の動画を配信しましょう。

　動画活用を始めた企業が、動画の再生数が伸びないという問題に遭遇しますが、メールが主な動画の視聴経路である場合、メールが開封されなければ動画は視聴されません。メールの開封率は発信者と受信者の関係性が高くなければ上がりません。メールの件名に「動画アリ」などと記載すると、一時的に動画の開封率が上がることがありますが、初回ボーナスのようなもので長続きしません。

　メールを重要な視聴経路として利用するなら動画活用以前に、あるいは動画活用をきっかけに受信者との関係性を高めていく施策が別途必要です。また、HTMLメールであれば動画のリンクを設定したサムネイル画像を表示できますが、検索結果と同様、クリックしたくなるような工夫が必須となります。BtoB業界ではイベントなどでたまたま名刺交換しただけで、数日後に相手の企業が配信するメールが届くことが頻繁にあります。よほど自分が抱えている課題を解決してくれるような情報でなければ開かれることはないので、受信者がメールの到着を毎回心待ちにしてくれるようなコンテンツを届けるきっかけとして動画を活用したいものです。

　LINEなどのメッセージングサービスを利用するメリットは、視聴者とコミュニケーションがとりやすいことです。ユーザーの役に立つコンテンツであれば、意見や感想などを返信してくれることもしばしばあります。

　メールもメッセージングサービスも企業にとっては貴重な動画視聴のための経路であり、視聴者そのものです。大事に育て、良好な関係を築くことに注意を払って動画を制作・配信してください。

筐体にも配慮する

>>> 動画がどのように見られるかを想像する

　視聴者はデスクトップ PC、ノート PC、タブレット、スマートフォンなどを使って動画をみる媒体にアクセスします。同じ媒体のページ、同じ内容・情報量であっても、デスクトップ PC の画面とスマホの画面とでは、見やすさやわかりやすさが違います（表4-2）。とくに製品の微細な動きや構造を見せたい場合、その動画が配信されている Web サイトのアクセスがモバイルの比率が高いと、**制作者が考えているよりもさらに拡大して対象を撮影しなければいけないことがあります。**

　電車内や店内などに設置されているサイネージやモニターなどでは、音を出せない仕様のものが多く、**セリフを入れている動画は別途字幕を入れなければ視聴者に十分に情報が伝わらない可能性があります。**これは、電車内などでイヤホンなしで動画を視聴する場合でも同じです。そもそも音声を出して視聴されることを想定しないなら、最初から楽曲や SE（効果音）の購入費や音源の編集費を削減することができます。

　街頭や商業施設など、視聴者との距離が遠い、あるいは視聴者がその筐体を自分で操作できないサイズ、環境に設置されているサイネージなどで配信することが前提であれば、**大きいサイズの文字をテロップで入れることを前提に動画を企画する必要があります。**また、ウェビナーの視聴者がシニア世代で細かい文字を見ることが難しければ、同じような配慮が必要です。

>>> 店頭での動画活用

　小売店などでは採用難や教育に時間をかけられないことにより、店頭に立てる販売員や製品に精通している販売員が少ないという課題があります。この対策として、**売場にモニターやサイネージを置き、店員の代わりにメーカーが制**

筐体	モニターサイズ	特徴
PC	大	引いて見せても大丈夫
スマートフォン	小	寄って見せた方がよい

筐体	イヤホン	特徴
スマートフォン	なし	音なしで大きい文字サイズのテロップで説明
スマートフォン	あり	音ありでテロップは音声の補助

筐体	設置場所	特徴
デジタルサイネージ	売場の棚	店員の代わりとして音声とテロップで説明
デジタルサイネージ	電車、街頭など	音なしで大きい文字サイズのテロップで説明

表4-2 筐体の違いによるモニターサイズ、イヤホン、設置場所の特徴

作した製品紹介動画を配信する試みも行われています。

　高級家電を扱う量販店では、各製品ジャンルの棚にタブレットを置き、そのジャンルに詳しい担当者が、いまの時期におすすめを紹介する動画を配信しています。これは、製品の価格やスペックだけではなく、豊富な知識をもつ販売員をお客様に認知してもらうことを企図したものです。こうした動画を配信して、お客様から「あの製品がある？」ではなく、「あの製品を紹介していた○○さん、いらっしゃる？」という会話が生まれることを目指しています。

　製品カタログにQRコードを掲載して動画を視聴してもらう場合、カタログに詳しいスペック情報が掲載されていれば、そうした情報は動画化する必要はありません。QRコードを読み取るにはスマホかタブレットを必要とするため、小さい画面であってもよくわかるように対象を撮影しておくとよいでしょう。

Section 08 「とどける」のあるべき 状態を決める

>>> さまざまな事例から学ぶ

　図4-5の事例では営業社員が商談の最中に、製品の紹介動画を商談相手に見せられる状態になっていることが、「とどける」のあるべき状態です。YouTubeを「おく」場所、「うつる」媒体に選び、「みる」筐体はタブレットとしました。製品の属するカテゴリーや、製品が解決する課題の名称を動画のタイトルに入れて、商談の現場でスムーズに動画を探し、視聴してもらえる状態をつくりあげました。

　図4-6の事例では語学学校への入学を検討する見込客が最寄り教室を検索したとき、講師や受講生のインタビュー動画を視聴してもらうことを企図しています。動画は自社が所有する各教室ページを「うつる」媒体にしました。アクセスの集中によるサイトへの負荷低減と視聴者の環境に合わせて画質やサイズを自動的に調整してくれることを考えてYouTubeを「おく」場所にし、YouTubeのプレイヤーを各教室ページに埋め込むことにしました。

「とどける」のあるべき状態

商談の場ですぐに営業社員のタブレットで見せることができている

あるべき状態を実現する手段

動画共有
サイト

他社のプラットフォーム
内の自社アカウント

営業社員の
タブレット

目的	営業活動を効率化したい
成功の定義	商談中に製品知識の浅い営業社員でも、売れている営業社員の製品紹介動画をその場で見せることで、商談機会を逃さないようになっている

図4-5 営業活動における「とどける」のあるべき状態の記入例

各地域の教室ページと、レッスン紹介ページに掲載し、教室軸・レッスン軸の両方で視聴されている

目的	語学教室の体験入学・資料請求を増やしたい
成功の定義	授業を担当する先生の人となりや、受講者の外国語によるインタビューを伝え、「こんな人から教わりたい」「こんな人のように話せるようになりたい」と思ってもらう

あるべき状態を実現する手段

動画共有サイト	企業が所有するメディア	ユーザーの任意の端末

図4-6 語学教室における「とどける」のあるべき状態の記入例

　図 4-7 は非対面の営業活動で、見込客に自社商品の特徴を動画で届ける目的があるときの例です。見込客の数が多く、商品への関心の度合いもわからないため、視聴動向が個人単位で把握できる動画ホスティングプラットフォームを「おく」場所にしました。商品の魅力を短尺でまとめた動画を、同社が取り組んでいたメールマガジンで「とどけ」、定期的・継続的な情報提供を行いました。ホスティングプラットフォームに蓄積された視聴データに基づき次の情報提供を実施しています。

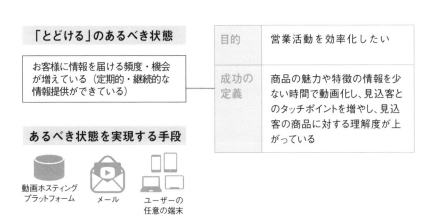

「とどける」のあるべき状態

お客様に情報を届ける頻度・機会が増えている（定期的・継続的な情報提供ができている）

目的	営業活動を効率化したい
成功の定義	商品の魅力や特徴の情報を少ない時間で動画化し、見込客とのタッチポイントを増やし、見込客の商品に対する理解度が上がっている

あるべき状態を実現する手段

動画ホスティングプラットフォーム	メール	ユーザーの任意の端末

図4-7 非対面営業における「とどける」のあるべき状態の記入例

Chapter

5

——

動画を「まわす」

動画活用の
運用体制を整える

「まわす」は、動画を制作（つくる）、配信（とどける）して、成功の定義を実現するための運用全般を指します。「まわす」は「つくる」「とどける」の"あるべき状態"に比べ、考慮・調整すべきことが多く、複雑です。「まわす」がうまくいっていないと、以下のような問題が起きます。

- 動画の制作に多くの時間と労力を取られてしまう
- 必要なときに、動画が完成していない
- 制作した動画が現場の課題解決に役立っていない
- 内製するための動画ツールを導入したが、まったく活用されない
- 視聴データを取得しているが、どう分析したらいいかわからない

　運用が機能不全になる一番の要因は、もともとの組織体制やワークフローが「動画を活用するようにはできていない」ことにあります。どの部署で、誰が制作するのか、新たに人を入れるのか、関連する業務を行っている人に兼務してもらうのか、自社に組み込むのが難しいなら外注するのか、といったことを検討しなければなりません。

　動画を使いこなすための運用がうまくまわらず上記のような問題が起きると、関わる担当者や部署のモチベーションが下がります。"やらされた""関わらされた"人々は、早くこの新しくて面倒な活動が終わってほしいと願います。「数十万円単位で商品紹介動画を１本制作してYouTubeにあげれば、それで終わり」であれば、それに要する期間は短く関係者も少ないため、あれこれと気をもむ必要はありません。

　しかし、動画を活用したセールスやマーケティング活動を継続していくこと

にチャレンジするのであれば、できるだけ少ない労力で、スムーズに運用の構築と推進を行う必要があります。

　図5-1は「まわす」に存在するフェーズと必要な体制づくり、業務の見取り図です。「まわす」には、立上期、実行期、定着期の3つのフェーズがあります。本章では、立上期の体制づくりと、実行期の運用方法を解説します。

　立上期で最初に行うことは、動画活用の戦略を立てることです。具体的には、自社・自部門が使用できる人材、予算、残された時間、使えるソリューションなどのリソースや資産を確認し、必要な関係者、関連部署と協議して、動画を活用する目的と成功の定義、「つくる」「とどける」「まわす」のあるべき状態を定義します。

　戦略が立案されたら、動画を「つくる」体制、「とどける」体制、「つかう」体制づくりを進めます。Chapter 3とChapter 4で述べた「つくる」と「とどける」は、体制づくりではないことに注意してください。

　「つかう」は制作した動画を営業社員がオン・オフライン商談中に顧客や見込客に見せたり、お客様サポート担当者が問合せのあった内容について詳しい操作やお手入れ方法を説明したり、店頭のサイネージやモニターで関係する商品の棚に置いて使ったりするといったことを指します。

　体制づくりには人（担当者）と部署との連携が欠かせません。立てた戦略に基づいて誰が動画を企画、制作するのか、内製でいくのか、外注でいくのか、内製でいくなら誰が、どの部署が、どんなツールを使って制作するのか、といったことを決めます。

　配信も同様です。ツール選定の他、配信管理に人を割けなければ、この運用を外部に依頼する選択肢があります。

　こうした業務分担を行い、手順を整えた結果、動画をつくり、とどけて、つかうためのそれぞれのワークフローができあがります。ここまでが立上期に行う運用体制づくりです。

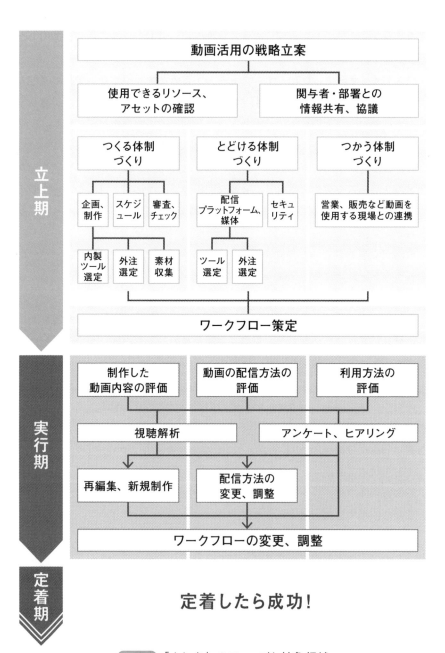

立上期

実行期

定着期

動画活用の戦略立案

使用できるリソース、
アセットの確認

関与者・部署との
情報共有、協議

つくる体制
づくり

企画、制作 | スケジュール | 審査チェック

内製ツール選定 | 外注選定 | 素材収集

とどける体制
づくり

配信プラットフォーム、媒体 | セキュリティ

ツール選定 | 外注選定

つかう体制
づくり

営業、販売など動画を
使用する現場との連携

ワークフロー策定

制作した
動画内容の評価

動画の配信方法の
評価

利用方法の
評価

視聴解析

アンケート、ヒアリング

再編集、新規制作

配信方法の
変更、調整

ワークフローの変更、調整

定着したら成功!

図5-1 「まわす」のフェーズと対象領域

140

>>> 仮説が正しかったのかを評価・改善する実行期

　実行期では動画をとどけ、市場や顧客からのフィードバックを評価します。 評価を行う目的は、配信プラットフォームなどを通じて取得した視聴データや、現場で動画を使用した営業社員の手応え・感想をもとに、「動画の内容や配信方法・使い方が、動画活用の成功の定義を実現しているか？　実現しそうか？」を判断することです。

　動画活用にはそれぞれ目的があり、その目的が実現するように動画で視聴者の状態を変化させます。その変化を測る指標として動画の再生数や視聴完了率などの視聴データがあります。指標自体は動画活用の目的にはなりません。

　これらの指標はあくまで「成功の定義が実現されたか？　されそうか？」を数値で測る定量的なものです。再生数が多いにこしたことはありませんが、そもそも視聴者の母数が少ない場合は、再生数よりも動画視聴後の行動の数値（たとえば動画再生後に表示されるCTAのクリック率や、動画プレイヤーの脇に設置されている資料請求ボタンのクリック率）を重視すべきです。動画プレイヤーで配信するとこうしたさまざまな視聴データがすぐに手に入ります。

　さらに、数値は目に見えてわかりやすいため、目的と成功の定義が実現する前に、取得できた数値で動画活用の正否を判断してしまいがちです。**取得した数値をどのように評価して判断するかは、あらかじめ仮説をもっておく必要があります。**

　そして評価の結果によって、配信している動画の内容や配信方法を修正・変更しなければなりません。このとき、動画を修正するための予算をあらかじめ確保していなかったり、動画の修正を見越した制作体制をつくったりしておかないと次の手を打てず、YouTubeチャンネル上に活用されない動画が生まれてしまいます。

　実行期は立上期につくった動画の内容が、視聴者の行動に変化を起こすことができているかを試す期間と捉えることができます。 そうすると、実行期にできるだけ早く短い期間で、視聴者の行動に変化を与えることのできる動画をつくり、配信し、つかう体制を確立し、定着期に移行しなければなりません。実行期に動画活用の手応えや勝ち筋を見いだせないと、「動画、使えなかったね」

（右余白縦書き）Chapter 5 動画を「まわす」

と周囲から評価され、動画活用プロジェクトはそこで終了です。

　フィードバックの期間は目的によって変わります。認知獲得を目的に動画広告として使用するのであれば、一般的に制作時間は長くなりますが、動画広告の市場と仕組みが習熟されているため、配信に要する期間は短く、配信後すぐに再生数などのデータが取得できるので、総じてフィードバックの期間は短くなります。

　一方、動画をつかって見込客を育成しようとする場合、自社が扱う製品やラインナップ数によって制作本数や制作期間が変わりますが、1、2本の動画で見込客が顧客になることはあまりありません。

　オンデマンドウェビナー動画や製品紹介動画、事例インタビュー動画などをとどけ、その視聴動向によって次にとどける動画を検討・配信し、見込客を前のめりな状態にし、オフ・オンラインの商談を経て顧客になるというプロセスを踏むことになるでしょう。そうなるとフィードバックはその都度返ってきますが、全体の期間は長くなります（目的がウェビナー動画視聴後の資料請求までであれば、期間は短くなります）。

〉〉〉 各部署・担当者との連携

　「つくる」「とどける」「つかう」は各部署・担当者との連携が必要になります。いままで使ったことのない新しい施策の場合、個々の部署や担当者の仕事量は、内製するのであれば「つくる」がもっとも多くなります。

　「とどける」はすでにできているワークフローに動画を載せるだけで済みます。「つかう」は接客や商談をする現場担当者がうまく使いこなして成果を出せるようになるための説明やフォローが必要になるので、現場の負荷が高くなります。**運用を「まわす」ためには、こうした部署間の業務負荷を考慮・調整して進めていくことが不可欠です。**

　表5-1は動画活用の目的別にどのような部署がどんな業務を行うのかを例示したものです。非接触の見込客育成と営業活動を行うことを目的にした事例では、動画内製ツールの導入を経営企画部が考え、セキュリティや利用規約に問題がないかを情報システム部門や法務部門と確認します。動画の内容は営業部とマーケティング部で考え、動画の内容は営業社員による製品紹介動画やプレ

ゼンテーション動画にします。

　出演者は営業社員が行いますが、撮影・編集は外注し、審査は広報部門が行います。動画の配信と視聴解析はマーケティング部が管理しているMAツールで配信し、配信後のフォローをマーケティング部付のインサイドセールス担当者が行います。

　この事例では、既存のMAツールを活用した見込客育成の既存ワークフローがありますが、ツール導入から動画の企画制作までの関与者が多いことが特徴です。関与者が多いと相互の業務確認に時間を要するので、事前のワークフローやスケジュールのすり合わせが欠かせません。

	営業	経営企画	マーケティング	情シス	広報法務	外注	現場
ツール導入		●		●	●		
企画	●		●				
撮影	●					●	
素材収集	●						
編集						●	
審査					●		
配信（MA）			●				
視聴解析			●				
利用（インサイドセールス）			●				

表5-1 非接触の見込客育成と営業活動の連携例

　表5-2は営業部門で商談用の動画を作成し、個々の営業社員から顧客にメールを送信してニーズ喚起や商談の最中に使用することを想定した場合です。こうした各種の業務を営業部門に集中させることができれば、動画の制作から配信、運用は非常にスムーズになります。SFAやMAツールも営業部で運用している部署であれば、運用はより一層スムーズになります。

	営業	経営企画	マーケティング	情シス	広報法務	外注	現場
ツール導入	●			●	●		
企画	●						
撮影	●						
素材収集	●						
編集	●						
審査					●		
配信(メール)	●						
視聴解析	●						
利用(商談)	●						

表5-2 営業部門が中心となる連携例

マーケティング部署が中心となって動画広告の制作や運用を外注して行う場合は表5-3のようになります。外注は関与者は増えますが、自社の既存のワークフローに大きな変更を加える必要がないことがメリットです。予算が十分にある、制作頻度が低い、動画を試験的に試してみたいということであれば、マーケティング部に限らずこのような体制が望ましいでしょう。

	営業	経営企画	マーケティング	情シス	広報法務	外注	現場
外注先選定			●				
企画			●			●	
撮影						●	
素材収集			●				
編集						●	
審査					●		
配信(アドネットワーク)			●			●	
視聴解析			●			●	

表5-3 マーケティング部署が中心となる連携例

一方で、多様なクリエイティブの動画広告を量産していきたい場合や、季節や流行に合わせた販促動画を制作して店頭のサイネージモニターで配信したい

場合は、表5-4のような構成になります。ツール導入から制作、配信まではマーケティング部で一気通貫で行います。現場での動画を使った接客や販促活用方法は別途行う必要がありますが、関与者が少なくスムーズな運用体制になり、現場が必要なタイミングで動画を制作・配信できます。

	営業	経営企画	マーケティング	情シス	広報法務	外注	現場
ツール導入			●	●	●		
企画			●				
撮影			●				
素材収集			●				
編集			●				
審査					●		
配信（Webサイト）			●				
利用（接客）							●

表5-4 動画を量産する場合の連携例

≫≫ 必要にして十分な体制づくりを目指す

　立上期、実行期ともに、そこに要する時間が長くなるほど、また運用に必要な仕組みが整っていないほど、金銭的なコストや調整コストがかさみます（図5-2）。従来の施策をやめて、それに代替する新しい施策として動画を活用するのであれば、大雑把に業務量はプラスマイナスゼロです。しかし、いまの業務に動画が加わると、担当者・部署にかかる負荷は大きくなります。連携する人・部署が増えるほど調整業務が増え、作業スピードも遅くなります。

　たとえば、動画の内製ツール導入1つをとっても、規模が大きくなったり、セキュリティやコンプライアンスに求めるレベルが高い企業ほど、ツール審査に時間がかかったり、企業が求めるレベルを候補のツールが満たしていない場合、ツールベンダーとの調整業務が発生し、結果的にそのツールは使用できない場合も出てきます。営業部署が一気通貫で動画の制作から配信、見込客育成まで行う場合、メールマーケティングシステムの導入も必要になると、さらなる時間とお金がかかります。

動画に限らず、新しい手段を導入して運用体制をつくり上げることは、"やったことのない"業務ゆえに、関わる人や部署が"背伸び"をすることになります。試行錯誤の量も増えます。しかし、人はいつまでも背伸びし続けることはできません。新しい施策に取り組むことは、よほどの"やりたがり"でなければあまりモチベーションの上がらない仕事です。**新しい施策をスタートさせるまでの時間がかかるほど、モチベーションが下がっていきます**（図5-3）。

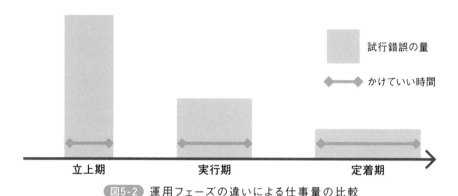

図5-2 運用フェーズの違いによる仕事量の比較

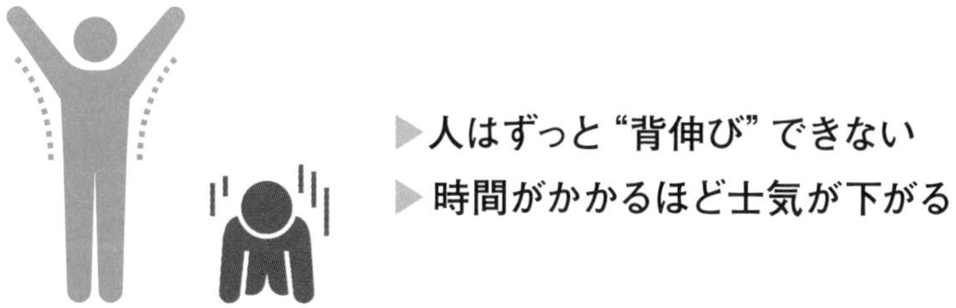

▶人はずっと"背伸び"できない
▶時間がかかるほど士気が下がる

図5-3 人の要素を考慮する

　立上期は戦略をしっかりと立てる重要な期間ではありますが、自社の状況に合った手段を選択し、適切なコストで、できるだけ少ない試行錯誤の数と時間で動画を十二分に活用できる体制をつくり上げましょう。

立上期の「つくる」体制 を整える

>>> 内製・外注を判断するポイント

　立上期に行う「つくる」体制づくりでは、制作しなければいけない動画の本数や配信しなければいけない頻度に応じて、どのようなスケジュールで、どの部署の、誰が制作するのかを決定します。

　既存の組織やワークフローに動画の企画制作や配信活動を組み込むことは、イチから必要な知識を仕入れ、ツールの操作方法を覚えるといった個人レベルのものから、バナー広告やお客様への提案資料の内容をチェックする部署・チームに新たな業務が加わることを意味します。

　そのために誰かが現在の業務と兼務したり、現在の業務は別の誰かに任せるかやめるかして、専任者をつけたりします。既存の組織やワークフローに組み込むことが難しい場合、動画の企画制作は外注する手段もあります。ここではまず、動画を内製するか、外注するかを判断するためのポイントを紹介します。

　内製するか外注するかを判断する分かれ目は制作本数と求めるクオリティです。必要なクオリティは目的や視聴者との関係性によって異なるので、決定的な要素は制作本数とパターン化の可否になります。動画制作のコスト構造（2-03参照）で解説した通り、動画は雪だるま式にコストが膨れていきます。そのため、広告でも複数のパターンで試したかったり、顧客・見込客、ターゲットごとに提案動画を制作したかったりするような場合は、必然的に制作本数が増えるため、内製するしかありません。

　動画制作は一般的に図 5-4 のようなプロセスと時間がかかります。これは外注した場合に最低限必要な日数です。ロケ地の選択、ロケハン、オーディションなどを行う場合はさらに時間がかかります。これらのプロセスを企画や撮影、編集のプロではない人がやろうとすると、さらに多くの時間がかかってしまいます。そのため、**本数が少なく、テクニカルなクオリティを高くする必要のあ**

る動画は外注し、**本数が多く継続的に制作していく必要のある動画は、ある程度パターン化して内製することをおすすめします。**

パターン化する方法は、「構成のためのモジュール」（3-11 参照）を使うことで、企画や構成にかかる時間をさらに省略することができます。提供できる期間が限られている季節ものの商品（食べ物、植物、観光地など）は、その時期にならないと撮影ができないことがあります（昨年撮影した素材を使う手もあります）。

動画制作に時間がかかると販売機会を失ってしまうので、そうした商品の数が多い場合は、型を決めて時間をかけずに撮影していきましょう。もちろんあり余る予算があれば、型を決めて以降の撮影・編集作業も外注することができます。

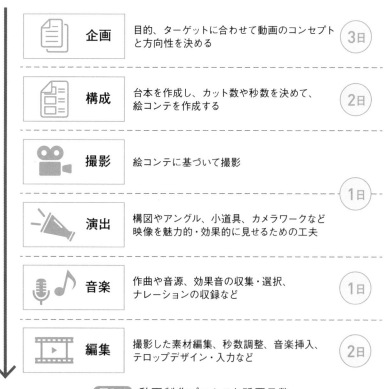

企画	目的、ターゲットに合わせて動画のコンセプトと方向性を決める	3日
構成	台本を作成し、カット数や秒数を決めて、絵コンテを作成する	2日
撮影	絵コンテに基づいて撮影	
演出	構図やアングル、小道具、カメラワークなど映像を魅力的・効果的に見せるための工夫	1日
音楽	作曲や音源、効果音の収集・選択、ナレーションの収録など	1日
編集	撮影した素材編集、秒数調整、音楽挿入、テロップデザイン・入力など	2日

図5-4 動画制作プロセスと所要日数

内製を定着させるコツ

>>> 動画制作ツールの選び方

　動画制作ツールは多様化しています。素材をカメラで撮影してから編集だけ
を行うツールもあれば、素材撮影と同時に動画を編集する一体型のツールもあ
ります。アプリで制作するものもあれば、ブラウザで制作できるものもありま
す。料金形態も買い切り型から定額制のものまでさまざまです。

　**動画を制作する人員が多く、かつ本数も多いのであれば定額制ツールが相応
しく、月に数本であれば買い切り型でよいでしょう。** どのツールも自社に完璧
にマッチすることはないので、利用するツールの柔軟性も判断材料になります。
ここではツールの紹介は割愛しますが、ツールが使えるようになったからと
いって、動画がつくれるようになるとはかぎりません。うまく運用に落とし込
むための手段を紹介します。

　動画活用プロジェクトが失敗する要因の1つに、動画制作ツールを導入して
もまったく使われなかったというものがあります。これは動画制作ツールの導
入を決定する部署と、ツールを使用する部署が異なるために起こります。経営
企画や営業企画部が「これからは動画だ!」「今後の営業効率化のために動画を
活用しよう」と決めて、それを実務を担当する現場に依頼するパターンです。
上司が決めてきて部下に指示を出すパターンもあります。

　その部署にとって良かれと思ったり、今後必要になってくると思ったりした
ことと、現場のニーズ、スキルやリテラシー、状況がマッチしていなければ、
導入したツールが利用されることはありません。

　専門的な動画制作の知識や経験がなくても扱うことのできるツールなのか、
自社で所有しているスマートフォン、タブレット、PCで使用できるのか、ツー
ルベンダーのサポートはあるのか、といった視点に加え、実際に動画を制作し、
その動画を使用する部署・担当者のニーズをきちんとヒアリングしてからツー

ルを選ぶ必要があります。

　動画は制作ツールの操作を覚える以外に、撮影対象に応じて小道具を揃えたり、照明を準備したり、台本や資料を制作したりといった準備作業が付随するため、そうした作業を煩雑・面倒に感じる人が出てきます。また、自分で制作し、出演した動画の出来栄えをとても気にします。完成した動画に対して「このクオリティでいいだろうか……」と心配するものです。

　動画の内製を進める場合は、こうした課題・心配事を取り除いていかなければなりません。そこで、筆者の支援例から効果のあった内製化促進施策を紹介します。

》》》 内製化を促進する具体策の例

❶サンプル動画を制作する

　普段からテレビ CM などでクオリティの高い動画を見ていると、自分たちが動画を制作するなんてできるだろうかという不安が先立ちます。そこで、実際に社員が登場する、あるいは社員が制作したサンプル動画を見せることで、「このくらいのクオリティでよい」という基準を示します。

　そして、「このサンプル動画はこうやって制作しました」という制作の様子を伝える資料もつくっておくと、一層つくりやすくなります。

❷ガイドラインを示す

　ガイドラインの内容は業界や撮影対象によって異なりますが、「競合他社の○○を口にしない」「差別的な言葉を使用しない」「確実に痩せます」といった科学的に効果を保証できないセリフやテロップなど、言葉に関するものが挙げられます。

　また、カメラに映す、映るものについてのガイドラインもあった方がよいです。キャラクターや音楽など著作権のあるコンテンツを無断で使用しない、映り込みに注意するといったものです。

　ガイドラインは項目が増えるほどリスクを下げられますが、その分制作者の腰を重くし、動画を配信するまでのスピードが遅くなります。スピードと数を重視するなら、「これだけは気をつけてほしい」という最低限のものにとどめて

おいた方がよいです。

ガイドライン策定は法務、コンプライアンス、広報部署と連携しておきましょう。

❸テンプレート化してクオリティを平準化する

各人が動画を制作すると映像の画角がタテ、ヨコ、スクエアでバラバラだったり、尺の長短や使用している音楽も異なったりします。これは制作に必要なフォーマットを決めていないことが原因です。

多くの企業でパワーポイントの資料のデザインがテンプレート化されているように動画にもテンプレートを準備しましょう。具体的には、秒数、カット数、音楽、効果音、文字フォント、サイズ（最大文字数）、色などが挙げられます（3-11 参照）。これらの要素を**制作者が毎回考えないで済むようにするだけで、動画制作のハードルが下がり、スピードが上がります。**

❹制作した動画と本人を賞賛する

動画を制作・配信（Web サイトや SNS での公開、お客様へのメール送信など）したら、イントラネットや社内 SNS、社内・部署内メールなどで動画を共有しましょう。制作した動画は公開すれば再生数や視聴完了率といったデータを取得できます。

しかし、そうしたデータの良し悪しを判断する明確な基準を最初はもつことができません。そうするとせっかく社員が動画を制作してもよかったのかどうかがわからず、モチベーションが下がり、後が続かなくなります。

そのため、社内 SNS などで「○○さんがこんな動画を制作しました」「ここがわかりやすい！」といったコメントを添えて共有することで、**まず動画を完成させたことを賞賛します。** 他の社員が共有された動画を視聴することで、「こういう動画をつくればいいのか」と参考になり、動画制作の心理的なハードルを下げることにもつながります。

❺上席者が出演する

営業社員や製品担当者に動画に登場してもらいたい場合、率先して出演して

くれることは少ないです。たいていは恥ずかしがったり、渋々出たりすることが多いので、視聴者からすると見ていて暗い感じになりがちです（動画の目的によっては、それがよい方向に働くこともあります）。

そこでまずは、上席者に率先して出演してもらい、**動画活用に対する期待や現場へのメッセージを動画で語ってもらう**のです。

このときの注意点は、上席者だからといってテクニカルなクオリティを高くするのではなく、現場の人が動画を制作するのと同じ環境、同じツールで制作することです。それがサンプル動画となり、クオリティの基準にもなるからです。

❻プレゼント、インセンティブ

追加の施策として期間を設けて、一定本数の動画を制作した社員やチームに、撮影がより楽しくなったり、クオリティを上げたりする道具・ガジェットをプレゼントするキャンペーンもおすすめです。

スマホで撮影するならスマホ用の三脚やマイク、スタビライザーなどが挙げられます。撮影する人の気分も上がるので、内製に取り組む際の予算に組み込んでおくとよいでしょう。

❼素材収集キャンペーン

動画の内製・外注や、使用する制作ツールの種類を問わず、準備に手間と時間がかかるのが動画にする「素材」の撮影・制作・収集です。素材の種類は動画だけでなく静止画、イラスト、アニメーション、プレゼンテーション用のスライド資料などがあります。素材があればそれを使って動画を制作・編集することができます。

たとえば、食品のテレビショッピング動画を制作する場合、食品の原材料の生産地から紹介したいとなると、原材料が畑で豊かに実っている様子や収穫の様子を撮影することになります。その時期まで待ったり、わざわざ現地に赴いて撮影したりするとなると時間とお金を浪費してしまいます。そこであらかじめ産地の様子を動画や静止画で撮っておくとよいでしょう。

多くの場合、製品完成・発売時に製品紹介に関する Web ページやパンフレットなどの制作時に、数多くの写真を撮影します。展示会などのイベントがあれ

ば、そのときの様子を撮影しているでしょう。店頭に置かれる製品であれば店舗を回る営業社員が、商品が置かれている棚をスマートフォンなどで撮影しています。

　プロカメラマンに外注したり、自社の広報・営業社員が撮影したり、**撮影する人やクオリティは異なれど、社内には数多くの素材が散在しているので、それらを活かさない手はありません。**これを素材収集キャンペーンとして実施します。実際の手順は次の通りです。

1. 社内に収集している素材の投稿をよびかける

　たとえば、マーケティング部がよびかける場合、自分たちが製品紹介ページ作成時に撮影した素材だけでなく、商品企画部や開発部が撮影したであろう素材、営業部が撮影した店頭の素材、広報部が撮影したイベントの素材が収集の対象になります。もしかしたら、街中で自社製品を見かけた別の部署の社員が写真や動画を撮影しているかもしれません。

2. よびかけに応じて投稿された素材を使用して動画を制作する

　投稿してもらう素材は動画でも静止画でもかまいません。メール添付や社内のファイル転送便などで送ってもらいます。すべての素材が使用できるとは限りませんが、同じ製品であっても、エンドユーザー向けの動画や代理店向け動画は求めるクオリティや届けたい情報は異なるので、目的に応じて素材を吟味します。

3. 完成した動画は社内 SNS やイントラネットなどで共有する

　投稿された素材を使用した動画が完成したら、必ず社内共有してください。このとき、メールやイントラネットの文には、使用した素材の持ち主の氏名を感謝の言葉とともに記載します。素材を採用された社員は嬉しい気持ちになり、今後も素材を投稿するモチベーションにつながります。

　会社・部署として動画活用プロジェクトに取り組んでいることを社員に知らせ、活用の機運を高める施策になるので、ぜひチャレンジしてみてください。

04 審査・チェックを スムーズに通す

>>> 配信までにチェックすること

　動画を制作しても現場が必要とするタイミングで配信できないという問題があります。その原因の1つに、動画内容の審査・チェック体制があります。「内製を定着させるコツ（5-03参照）」でも述べましたが、話してはいけないこと、映してはいけないものが、業界ルール・社会倫理としてあります。

　動画に限らず各部署が個々の裁量で広告を出した結果、ネット上で炎上する騒ぎは枚挙にいとまがありません。そのため慎重に審査を行うことで時間がかかり、もし表現の変更が必要になっても動画は簡単には修正できないため、タイミングを逃してしまいます。

　動画制作で気をつけなければならない要素として、言葉（セリフやテロップ）、収録する対象、音があります。 図5-5ではそれらの要素を動画の企画から配信

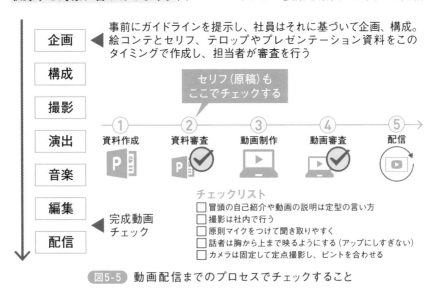

図5-5 動画配信までのプロセスでチェックすること

までのプロセスでチェックするタイミングとルールの例を示しています。

　最初にガイドラインを示しておいて、社員が動画を企画・構成します。制作したセリフや、ウェビナーなどで投影するスライド資料に対して、上司や審査部・審査担当者がチェックします。動画の完成前と完成後に二段構えにしておくのがポイントです。**審査作業を楽にしてスピードを上げるために、セリフやテロップ、構成をテンプレート化しておくとよいでしょう。**

　プレゼンテーション動画であれば、冒頭の挨拶や担当者の紹介テロップなどの表現を決めてしまいます。テロップのフォント、サイズ、載せる帯の色、企業ロゴの位置などです。また、出演者が話すカットでは必ずバストアップにする、撮影場所は社内の会議室を使用する、といったところまで決めてしまえば、制作側も審査側も楽になります。

　クオリティについては、継続的に制作するタイプの動画であれば、サンプル動画を制作した時点で合意しておくべきです。この他、そもそもの動画の尺を短くして審査のための視聴時間を短縮する手もあります。

　動画が完成したら最終チェックです。この段階でガイドラインに抵触していることがわかり再撮影となるのは避けたいので、余裕があれば撮影時のタイミングで審査担当者に立ち会ってもらってもよいでしょう。

》》》 セキュリティに配慮する

　限られた見込客・顧客・販売代理店にだけ配信したい提案営業動画やウェビナー動画は、外部に流出させるわけにはいきません。動画制作ツールを社員に支給している端末で使用する場合、アプリであればカメラロールに制作した動画を保存できない仕様のものを選んだり、特定の IP アドレス下でないと使用できない機能をもつツールを選定したりする必要があります。

　配信にあたっては、YouTube であれば「限定公開」の設定をすることで、その動画の URL を知らなければ視聴できないようにできますが、URL が流布されれば視聴されるリスクが生じます。IP アドレスやドメイン制限、ホスト制限をかけたり、動画視聴プレイヤーにパスワードを設定したりすることができるプラットフォームを選ぶようにしましょう。

立上期の「とどける」
体制を整える

>>> 媒体の仕様と配信スケジュールの確認を忘れずに

　とどける体制は、Chapter 4「とどける」で解説した動画をおくプラットフォームさえ選択すれば、視聴してもらうための媒体はほとんどの企業がすでに運用しているため、おおむね従来の体制・ワークフローに大きな変更を加えることなく整備できます。Web サイトへの動画配信、メール配信、MA での配信など、それぞれの担当者に依頼すれば既存の Web サイト・メルマガ・MA 運用に載せるだけで済みます。

　また動画広告は、広告運用を外注できるプレイヤーもいれば、SNS の広告配信プラットフォームはわかりやすく操作できるようになっており、自力で十分配信・運用することができます。

　注意点は、**各媒体の仕様とスケジュールは必ず確認しておくこと**です。Web サイトに動画を埋め込むことができるかの確認は必須です。メールであれば、再生マークは HTML メールでなければつけられず、テキストメールでは動画プレイヤーの URL しか記載できません（Gmail は添付ファイルの位置に動画のサムネイルが表示されます）。

　スケジュール調整も重要です。メールマガジンは頻繁に送ると受信者がうっとうしく感じ、オプトアウト（受信拒否）される可能性が高くなります。メルマガ担当者は配信頻度を管理しているはずで、動画が入ったメールを単独で配信してくれることはありません。Web サイトも企業によっては運用を他社に依頼しており、決まったタイミングでしか更新できないこともあります。

　動画をオフラインでとどける体制もあります。サイネージやモニターがネットワーク化されていなければ、CD-ROM や USB メモリ動画からデータを取り込むことになります。また、既存の紙のチラシに動画へのリンクを埋め込んだ QR コードを載せている企業もあります。

立上期の「つかう」
体制を整える

>>> 現場の実態を把握する

　入念な現場へのヒアリングなしに企画・制作された動画は、イチから製品の
スペックや価格、その製品が企画された背景、導入事例など内容がぎっしり詰
め込まれたものになりがちで現場がうまく活用できません。

　営業社員は、説明が楽で、お客様の理解も早い販売しやすい商品を売りたが
る傾向にあります。説明がややこしい商品の場合、仕入担当者は営業社員の説
明が楽になる動画を企画・制作して営業社員に提供することがあります。しか
し多くの場合、こうした動画はほとんど使われることがありません。これは動
画の内容が悪いのではなく、現場の状況に適した長さになっていないからです。
その場合、短尺にして説明が難しいポイントだけを動画化するのが有効です。
細切れにした動画を製品名やカテゴリ名で検索できるようにする工夫ができま
す。

　店頭や商品棚のサイネージやモニターでお客様の足止めを目的に動画を配信
するような場合は、情報量が多い動画でもかまいません。同じ動画がずっと流
れていても飽きがくるので、今月の人気商品ランキングや季節や流行に応じた
「その製品を使って楽しむことのできる提案（着こなし、レシピ、インテリアな
ど）」を配信する運用体制をつくりたいところです。

　動画をつくる部署とつかう部署が異なるのであれば、**現場にどのような問題
があるのかをヒアリングし、現場の社員・店員がお客様との商談や接客を行う
中で、「動画を使うことでどのような状態になっていればよいか？」という、成
功の定義を互いに共有・合意することが大切です。**「動画をつくったので活用し
てください。活用度を測るので再生回数のデータを取得します」といった指示
を現場に出そうものなら、必要のない場面で無理やり活用したり、現場のモチ
ベーションを下げることにつながったりします。

Section 07

「まわす」のあるべき状態を決める

》》営業活動での「まわす」事例

「まわす」のあるべき状態では、動画の制作体制、取得すべきデータ、改善活動、配信後の視聴者フォロー、関係部署との連携などの運用全般をどうすべきかを定義します。**「つくる」「とどける」のあるべき状態に比べて、定義する内容が多岐にわたるため、複数設定されることが多いです。**ただ、既存のワークフローに載せるだけで済むのであれば、わざわざあるべき状態として書くほどではありません。**ポイントは、「そのあるべき状態を実現しなければ、動画活用プロジェクトがまわらない」状態を書くことです。**

これまで組織に存在しなかったワークフローが必要な場合と既存のワークフローに載せる場合のいずれもそのワークフローのあるべき状態を書きます。そして立上期の「つくる」「とどける」「つかう」の手段を使用し、「まわす」のあるべき状態を実現していきます。

「まわす」のあるべき状態

誰が、どの動画を視聴したかがわかり、視聴動向に応じた次のアクションの準備ができている

目的	営業活動を効率化したい
成功の定義	商品の魅力や特徴の情報を少ない時間で動画化し、見込客とのタッチポイントを増やし、見込客の商品に対する理解度が上がっている

図5-6 営業活動における「まわす」のあるべき状態の記入例

図5-6はChapter 4でも取り上げた、非対面の営業活動において見込客に自社商品の特徴を伝える目的で動画を活用している事例です。動画はメールで届け、誰がどの動画をよく視聴しているのかを把握することで、次にどんな情報を提供すればいいのか、事例コンテンツやウェビナーの案内、改めてヒアリン

グすべきことなど、次のアクションにつなげていく体制づくりを目指しました。表5-5に示す部署が運用に関わりました。動画の企画・制作は営業とマーケティングが協力し、撮影・編集作業をマーケティングが行います。出演は営業担当者としました。これは見込客に近い将来対応するであろう人物を印象づけたいという狙いがあります。配信した動画の視聴動向はマーケティングが確認し、その結果に応じて別途制作するウェビナー動画や事例インタビュー動画などを配信したり、導入シミュレーション動画の視聴完了率（動画の総再生時間に対する視聴者の再生時間の割合）が高かったりすれば、営業担当者につなぐという体制にしました。

　すでにコンテンツ制作やMAなどを運用するワークフローや分業体制ができていれば、そこに動画の制作・配信を加えるだけなので、負荷は小さく済みます。

　こうした体制ができていない場合、既存の部署間で分業したり、プロジェクトチームを発足させて運用体制づくりをしたりしていかなければならず、業務的な負荷もコストも大きくなります。配信後の視聴動向を正しく測るうえでは、動画の視聴動向だけでなくメール開封率などのデータも必要になります。こうしたツールの導入や習得コストが、動画活用プロジェクトを停滞させる要因になります。

	営業	経営企画	マーケティング	情シス	広報法務	外注	現場
ツール導入	●		●	●	●		
企画	●		●				
撮影	●		●				
素材収集	●		●				
編集			●				
審査					●		
配信（メール）			●				
視聴解析			●				
利用（見込客育成）			●				
利用（商談）	●						

表5-5 営業活動における運用体制の例

>>> 語学学校での「まわす」事例

　図5-7はChapter 3やChapter4で取り上げた語学学校の例です。全国に教室があるため、撮影担当者を各地に派遣したり、カメラマンを雇って動画を撮影、編集したりすることがコスト的に難しいという背景がありました。

　そこで、動画制作の経験がなくてもビジネス用途の動画制作と配信ができるソリューションを使用し、各地の教室スタッフが語学講師や受講生インタビュー動画を制作、本部のマーケティング担当者が配信するという体制を敷きました。

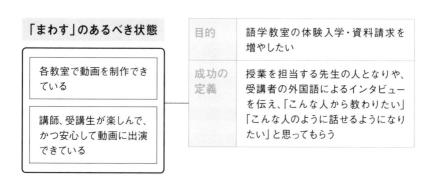

図5-7 語学教室における「まわす」のあるべき状態の記入例

　この事例のポイントは、各現場で動画が「そこそこのクオリティ」で制作でき、講師や受講生が楽しく安心して出演してもらえることです。動画制作ツールの操作方法を伝える動画の制作・配信といった現場向けの施策はもちろん、プロジェクト開始当初はノリのよい講師に登場してもらいサンプル動画を制作しました。

　制作した動画はイントラネットで公開し、どの教室の誰の動画がアップされたかを告知することで、「このくらいのクオリティでいいんだ」と安心して出演してもらう雰囲気づくりを行いました。受講生には出演してもらうことへのインセンティブを用意しました。

　関わる部署と業務領域を表5-6に示します。視聴解析後の「利用」がないのは、Webサイトに動画を配信した時点で目的が果たされているためですが、も

	営業	経営企画	マーケティング	情シス	広報法務	外注	現場
ツール導入		●	●	●	●		
企画		●	●				
撮影							●
素材収集							●
編集							●
審査			●				
配信（Webサイト）			●				
視聴解析			●				

表5-6 語学教室における運用体制の例

し見込客が教室に質問をしにやって来たり、体験入学をしたりしたとき、講師や受講生の動画を見せるという現場での使い方もできる余地があります。

　この語学学校では、各教室にタブレットが配備されていたので、それを使って動画を制作できました。もし配備されていなければ、その購入・レンタルコストも加わるため、動画活用プロジェクトの承認に時間がかかっていたかもしれません。多数の部署、全国各地の支点などで使用する場合、企業のネットワークにかかる負荷も考慮する必要があります。

　さらに、現場で動画を各自制作するとなると、動画の流出や悪意をもった利用といったリスクも考慮しなければなりません。この事例では、動画制作者は動画を制作することしかできず、配信はマーケティング担当者にしかできない仕組みとしました。

　所有している資産やそのまま使えそうなワークフローがあれば、立上期にかかるコストや負荷は少なくなります。逆にそこに時間をかけすぎると現場のモチベーションは低くなり、コストをかけすぎると動画による売上増や利益率向上を求められます。**動画にできることは、売上や利益向上の目的につなげていくために視聴者に変化を起こし、影響を与えることです。**できるだけコストを抑え、速やかに立上期の体制をつくったあとは、制作した動画を配信、使用して、その動画と運用体制が視聴者に変化を起こしているか、影響を与えられそうかを測っていきます。

Section 08 実行期に視聴解析を行う

>>> 再生数はあくまで指標の１つ

　実行期は立上期に制作した動画や体制を評価し、できるだけ速やかに定着期に移行させるためのフェーズです。図5-8は評価を行うための考え方を図示したものです。動画の成功の定義は、「動画を見た視聴者に起こしたい変化」、すなわち「視聴者のあるべき状態」です。

　この状態を実現するために、「つくる」「とどける」「まわす」の３つのあるべき状態から、それぞれに存在する手段を所与の条件から選択し、動画を制作し、配信方法を採用し、運用体制をつくりあげています。立上期で行ったことは、成功の定義を実現するための１つの仮説づくりです。そして、実行期はその仮説を評価します。

　評価するための材料は大きく２つあります。１つは動画の配信プラットフォームなどから取得できる動画の定量的な視聴データ、もう１つは動画を使用している現場の営業・接客社員の手応えなどの定性的なアンケート調査などです。

　認知獲得やブランディングを目的に、動画を広告で配信する場合、わかりやすい指標としてインプレッション数（動画の視聴プレイヤーが表示された回数）と再生数があります。これらの指標は、「10万回再生されていたら、認知獲得したといえるだろう」といった指標がそのまま目的になりうるものです。しかし、成功の定義で表現しているのは「視聴者の状態」で、指標はあくまでそれを測る材料の１つです。取得できるいくつかの指標のうち、目的と視聴者のあるべき状態に適したものを選ぶ必要があります。

　また、動画の定量指標は簡単に取得できてわかりやすいため、注目してしまいがちですが、動画の指標に与える前提条件も考慮に入れる必要があります。具体的には動画を配信するWebサイトのPV数やUU（ユニークユーザー）数、保有しているリード（メールアドレス）の数、SNSのフォロワー数などです。

そもそもの Web サイトの PV 数が低いのに、動画の再生数を評価指標とするのには無理があります。

　視聴者との関係性も重要です。視聴者との関係性が低ければメールの開封率は低くなり、インプレッション数も再生数も伸びません。動画の再生数に一喜一憂せず、その数値は妥当なのか、前提条件からして適切なのかといったことから客観的に判断しなければなりません。根拠のない「動画の再生数の多さ」で評価する・されることは不幸しか生みません。正しく本来の目的を実現するための材料として評価するようになりましょう。

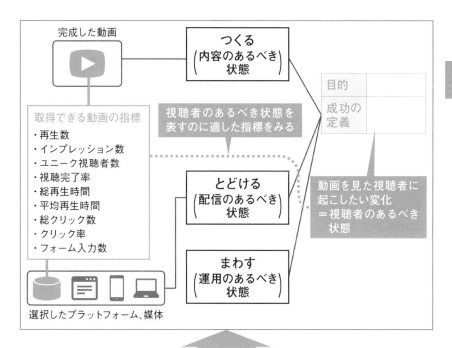

図5-8　動画活用に影響を与える条件と指標

適切な指標を設定する

≫≫ 指標の種類

　評価をするために、そもそもどのような動画にどのような指標があり、どのような目的に対して、どの指標をみるべきかを知っておきましょう。選択した動画配信プラットフォーム、動画共有サイトが異なっても、おおむね下記の指標が取得できます（ここでの「再生」は「視聴」と同義です）。

- **インプレッション数**
  動画視聴プレイヤーが表示された回数
- **再生数**
  対象の動画が視聴された回数
- **ユニーク視聴者数**
  動画を再生した実人数
- **平均再生率**
  視聴プレイヤーが表示された回数のうち、再生された割合
- **総再生時間**
  動画が再生された時間の合計
- **平均再生時間**
  1回あたりの再生時間の平均
- **平均再生完了率**
  再生された動画全体の秒数のうち、一定秒数以上再生された割合
- **総クリック数**
  動画視聴プレイヤーに表示されたリンクのクリック数
- **クリック率**
  表示されたリンクのうち、クリックされた数の割合

- **フォーム入力数**
  動画視聴プレイヤーに表示されたフォームの入力数
- **アクション数**
  視聴プレイヤーの「いいね」ボタンや「シェア」ボタンのクリック数

　図5-9に動画活用フェーズに応じた指標を示します。認知の獲得を目的にしている場合、多くの人に視聴してもらうことが求められるので、インプレッション数、再生回数、ユニーク視聴者数、平均再生率がみるべき指標になります。検索結果の上位表示を狙っていれば、検索結果の順位がそのまま指標になり、表示されたサムネイルのクリック率が指標になります。製品やサービスの理解促進を目的にしている場合は、総再生時間、平均再生時間、平均再生完了率が対象になります。ただ、1本の動画で伝える内容を絞って短尺にしている場合、視聴プレイヤーに表示されているサムネイルや動画のタイトルと、再生後の動画の内容が著しく乖離していない限り、平均再生完了率は低くなりにくいです。長尺になるほど、お目当ての箇所を見つけた視聴者はその時点で視聴を止めてしまうので、再生完了率は低くなっていきます。自身の動画の尺の長さも考慮してください。

　商品購入や問合せといったコンバージョンを目的にしている場合は、動画視聴プレイヤーに表示させるリンクのクリック数、クリック率、フォーム入力数などが指標になります。動画から直接購入・問合せをするのではなく、動画を配信しているページで別途購入ボタンを押す仕様であれば、そのページ訪問数のうちコンバージョンした数の割合であるCVRも見る必要があります。製品導入後のカスタマーサクセスやカスタマーサポートであれば、平均再生完了率に加えて、サポートページによくある「このコンテンツが役立ったか？」を知るためのボタンを設置しておきましょう。最後まで視聴して問題が解決したのかがわからないと、その動画が本当に役立ったかを測りかねるからです。

　製品やブランドのファンに見せ、エンゲージメントの向上を目的にしている場合は、何度見ても飽きられない内容を目指していれば再生数、視聴プレイヤーの「いいね」やSNSの「シェア」数が指標になります。

　この他必要に応じて、認知獲得目的なら動画視聴によって起きた変化（ブラ

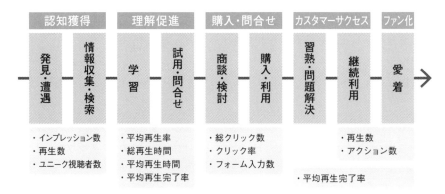

認知獲得 | 理解促進 | 購入・問合せ | カスタマーサクセス | ファン化

発見・遭遇 | 情報収集・検索 | 学習 | 試用・問合せ | 商談・検討 | 購入・利用 | 習熟・問題解決 | 継続利用 | 愛着

・インプレッション数
・再生数
・ユニーク視聴者数

・平均再生率
・総再生時間
・平均再生時間
・平均再生完了率

・総クリック数
・クリック率
・フォーム入力数

・再生数
・アクション数

・平均再生完了率

図5-9 動画活用フェーズに応じたさまざまな指標

ンドリフト）のうち、ブランドの認知率を示した指標である「ブランド認知度」を、商品理解目的ならブランドに対する好意度の指標である「ブランド好意度」を、製品購入目的なら「購買意向度」などを別途調査します。

≫≫ 指標の達成度が低いときの対処法

　目的に適した指標を選択し、その指標の結果が高ければ、制作した動画は成功の定義を実現している、もしくは実現しそうだとみなすことができます。しかし、指標の結果が低ければ、動画の内容、配信方法、運用方法の手段を変更したり、もともと設定したそれぞれの「あるべき状態」の表現を変更しなければなりません。指標の結果が低い原因には動画によるものと、動画以外の前提条件によるものがあります。後者は指標の高低・多少を見誤る原因にもなります。動画を配信する広告枠、Web サイトの PV 数、ユニークユーザー数、保有するメールアドレス数が少なければ、いくら動画の内容がよくても指標の結果はよくもなりません。

　たとえば、認知獲得目的の指標であるインプレッション数やユニーク視聴者数が低い場合、広告配信プラットフォームのキャンペーン予算の増額、検索連動型広告であれば入札価格を上げる対策をとります。動画広告はインプレッションと同時に動画が再生されることが多いですが、**インプレッション数が高いのに平均再生率が低い場合は、動画が再生されるときのサムネイルのデザインを変更します。**同じことが見込客育成を目的にメールで動画を配信する場合

166

にも当てはまります。HTML メールで動画があることは一目でわかるのに、動画のサムネイルやリンクがクリックされていなければ、動画の再生ボタンを大きくしたり色を変更したり、タイトルを目立たせるといった対策をとります。

　視聴者との関係性も見逃せません。メールで動画を送っても、受信者が送信者に興味や親近感をもたず、開封されなければ指標は取得できません。受信者の許可なくメルマガを送りつけ、ウェビナーに呼び込んだりホワイトペーパーをダウンロードさせたりするために、受信者が興味を惹きそうな釣りタイトルでメールを開封させたものの、自社の営業案内メールを送っていては、受信者（視聴者）との関係性は低いです。

　同じ内容の動画でも、メールを送る支店・担当者によって、開封率と動画の再生率に差が出ることもあります。開封率と再生率の高い支店担当者が、顧客や見込客とどのような施策を行うことで、関係性を高めているのかを学ぶ必要があります。

　SNS で動画を配信してもいいねやシェアの数が増えないのは、フォロワーをプレゼントキャンペーンなどで集めたのが原因で、自社アカウントに対して好意や信頼・愛着を抱かれていない可能性があります。動画を「とどける」「まわす」ときに連携する他の担当者・部署とともに先に視聴者との関係性を高めるための施策をとる必要があります。

　動画共有サイトで動画を配信する場合は、動画チャンネルの登録者数が影響を与えます。YouTube の動画ではチャンネル登録を促すカットを頻繁に目にしますが、チャンネル登録しているとアプリでプッシュ通知される機能があるからです。**チャンネル登録されるには、視聴者に「この動画は定期的にみる価値がある」と思わせる内容と量が必要です。**内容がよくても本数が少ないと「たまに探せばいいか」と思われ、チャンネル登録されない可能性があります。定期的な動画配信体制を整えていないうちは、チャンネル登録者数を指標にするには無理があります。

　こうした前提条件を満たしていても動画の平均再生完了率やクリック率が低い場合は、動画の内容を変更していきます。使用する動画ホスティングプラットフォームや共有サイトによってユーザーインターフェースは異なりますが、視聴データはグラフなどで可視化されます。

　視聴グラフの変化は動画の活用目的によって傾向があります。**広告として使用する場合、再生完了率は極端に低いか高いかに分かれます。**

　動画広告配信プラットフォームの仕様で定められている秒数で動画広告の再生が終わる場合、視聴者がブラウザを閉じない限り再生完了率は 100% に近い数値になります。一方、30 秒や 60 秒など尺が長くなるものは、5 〜 6 秒視聴すれば視聴者が広告をスキップできるため、そこで視聴者の心をつかむことができなければ再生完了率は低くなります。ただ、再生完了率が高いから短尺動画がいいとはいい切れません。再生完了率が高い短尺動画と、再生完了率が低い長尺動画を比較したとき、ブランド認知度は前者の方が高く、ブランド好意度は後者の方が高くなる事例もあります。

　製品やサービスへの理解を促すといった見込客育成を目的にする場合、再生完了率がずっと 100% になることはまずありません。高いにこしたことはありませんが、ほとんどの視聴者が知りたい情報を獲得したら、最後まで見なくても視聴を止めるからです。注意が必要なのは、動画に埋め込んだリンクのクリック率を指標にしている場合です。再生完了率を重要指標とせずクリック率を重要指標にするなら動画視聴後にリンクを表示するのではなく、動画再生中ずっとリンクを表示し続けるか、再生終了時にリンクがあることを示し続けるといった工夫が必要です。

　動画再生後しばらくして再生数が落ちていると、視聴者がブラウザを閉じるなどして視聴を止めたことを示すので、動画の表現を変更します。たとえば、製品説明が長かったと推測されるのであれば、この部分はカットして、製品が動いている様子に説明のテロップをかぶせるといった具合です。再生後すぐに再生数が落ちていれば、動画のタイトルやサムネイルから視聴者が期待した内容と、実際の動画の中身がずれている可能性があります。内容の変更はコストがかかるので、サムネイルやタイトルの変更を行いましょう。

　最終的には**視聴者の絞り込みと、視聴者が知りたい・解決したい・興味をもつ・もちそうな物事とをマッチさせることが指標を上げる・維持する一番の手段です。**

ヒアリングやアンケートで効果を測定する

>>> 定性的な評価を得る方法

　定量的な視聴解析以外に、動画を使用する現場へのヒアリングやアンケートも重要です。営業や接客する担当者と見込客や顧客が行う会話の中で、制作した動画がどのように使えたかを、再生数や視聴完了率の多寡で評価することはできません。**現場でどのように動画を使い、どのような効果を得たのかをヒアリングする**項目としては下記のようなものがあります。

- どのような会話の流れ・シチュエーションで、どの動画を使用したか？
- その動画を見せて、見込客や顧客にどのような変化があったか？
（動画を見て、どんな感想や質問が出たか？）
- 動画使用以前に比べ、自分のどのような作業・行為が楽になったか？
- 動画を見せている最中に感じた、動画の構成（情報を見せる順番）、尺（長短）などに対する要望はあるか？

　これらの回答内容に応じて制作した動画の構成や長さを修正します。定量・定性的な評価を問わず実行期に行う仮説の検証は、立上期につくる運用体制と不可分です。どんな内容の動画が効果的かがわからない場合は、あらかじめ複数の動画化価値やメソッドで動画を制作しておいた方が効率的です。

　視聴解析やヒアリング後、内容変更の方向性を悩んでいては時間を浪費するだけです。動画化価値やメソッドを変えた二の手、三の手の動画を繰り出して、少しでも早く視聴者の心理や行動に影響を与える動画に"当たる"べきです。**複数の動画を AB テストのように同時に出して、もっとも設定した指標が高い動画を配信し続ける手段**がおすすめです。

動画の内容や配信・運用方法を変更する

　実行期に動画の内容や配信・運用方法を変更した場合の取り組みを紹介しましょう。ある化粧品メーカーがECのコンバージョン向上を狙って動画を制作・配信することになりました（図5-10）。動画の内容は、「成分と効果・効能の関係性がよくわかっている」べきとして、成分表をグラフで表示する「図解」のメソッドを使用し、効果・効能をわかりやすく伝えるため、肌が潤っている様子を「クローズアップ」して見せることにしました。

　動画には以前からスチール写真で起用してきたモデルに出演してもらい、企画・制作業務は外注することにしました。制作した動画は商品購入ページの購入ボタンの直上に視聴プレイヤーを配置しました。動画活用の効果を測っていくうえで、1つの商品と1つの動画だけでは動画の有効性がわからないとして、

「つくる」のあるべき状態		
成分と効果効能の関係性がよくわかっている（納得できている）		

目的	化粧品のECのコンバージョン向上
成功の定義	視聴者が製品の効果・効能を理解して信頼感を高め、安心して購入できている

「とどける」のあるべき状態

購入を後押しをするために、商品ページで配信し、購入前に視聴されている

 動画共有サイト 企業が所有するメディア ユーザーの任意の端末

「まわす」のあるべき状態

季節性商品でかつ重点商品から順次動画化している

図5-10 初期の動画戦略図

1年間かけて取り組み、複数本数を制作するための予算を確保しました。そのため運用体制としては、一気に複数商品で動画をつくらず、季節で売れゆきに違いのある製品から制作していくことにしました（表5-7）。

	営業	経営企画	マーケティング	情シス	広報法務	外注	現場
外注先選定			●				
企画			●			●	
撮影			●			●	
素材収集			●			●	
編集			●			●	
審査					●		
配信（購入ページ）			●				
視聴解析			●				

表5-7 初期の動画活用の体制

しかし、コンバージョンが目立って向上することはありませんでした。コンバージョン以前に、視聴プレイヤーがあっても再生ボタンがクリックされないのです。これでは動画がなくてもコンバージョンに影響はないという結果になりかねません。「動画は活用しなくてもよい」ことがわかり、**コンバージョン向上の手段として動画は使わないという意思決定をするのもよいことです。**あらかじめ1年間取り組むための予算を組んでいたため、「つくる」動画の内容だけでなく、「とどける」「まわす」も見直すことになりました。

動画の視聴解析では、インプレッション数からすると平均再生率が低いと思われたため、プレイヤーが表示されたときのサムネイルの変更を検討しました。ただ、サムネイルの変更以前に「視聴者が製品の効果・効能を理解して信頼感を高め、安心して購入できている」という成功の定義を実現できるようになるために、「成分と効果・効能の関係性がよくわかっている」動画をつくるという当初の仮説を見直すことになりました。

≫≫ 変更した動画活用の体制

当初動画の企画はマーケティング担当者と外注先の制作プロダクションで

行っていましたが、EC のページ制作者やお客様サポートの担当者も加わりました。お客様サポート担当者から「製品の使い方についての問い合わせが多い」「製品のトライアル品を利用するタイミングで寄せられている」という情報があったことを受けて「つくる」「とどける」のあるべき状態を図 5-11 のように変更しました。

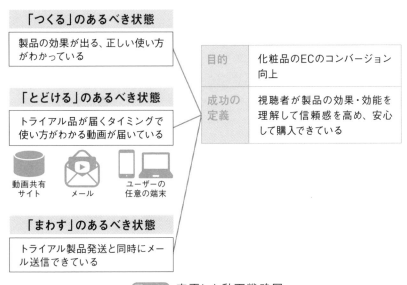

「つくる」のあるべき状態
製品の効果が出る、正しい使い方がわかっている

「とどける」のあるべき状態
トライアル品が届くタイミングで使い方がわかる動画が届いている

動画共有サイト　メール　ユーザーの任意の端末

「まわす」のあるべき状態
トライアル製品発送と同時にメール送信できている

目的　化粧品のECのコンバージョン向上

成功の定義　視聴者が製品の効果・効能を理解して信頼感を高め、安心して購入できている

図5-11 変更した動画戦略図

　動画の内容は、「製品が本当に効果があるのか？」を確かめられるようになるための使い方を解説するハウツー動画にしました。編集で肌の潤いをつくりこみすぎないよう、また見込客に「自分とは違う」と思わせないようモデルは起用せず、社員が出演しました。制作した「正しい使い方動画」は商品購入ページで配信するだけでなく、トライアル品が申し込まれ、工場から発送し見込客のもとに届くタイミングに合わせて HTML メールで配信することにしました。

　トライアル品が梱包された箱には、正しい使い方動画がメールで届いていることやその動画にアクセスするための QR コードを記載したカードも同梱しました。さらに、トライアル品の発送担当者とこの配信・配送体制を整えたことで、関与者も表 5-8 のように変わりました。

	営業	経営企画	マーケティング	情シス	広報法務	外注	現場
外注先選定			●				
企画			●				●
撮影			●		●		
素材収集			●		●		
編集					●		
審査					●		
配信(メール)			●				●
視聴解析			●				

表5-8 変更した動画活用の体制

　戦略変更の結果、トライアル品から本製品購入のコンバージョンが向上しました。製品購入に関わるさまざまな人に動画の企画に参加してもらうことで、見込客のベネフィットを発見できたことが重要でした。見込客がどのタイミングで、どのような情報を獲得したり、どのようなサポートを受けていれば製品購入につながっているのかを見直したりすることで、手段としての動画で効果を出すことができるようになります。

　実行期の仮説検証では、複数の手段を実行してみてもっとも指標が高く・手応えのある動画を"当て"、そこで効果がなければ手段の変更ではなく、あるべき状態の見直しに"遡る"ことです。あるべき状態を変更し、また新たに複数の手段を実行しましょう。テレビCMのように一度配信して終わりではなく、継続的な動画制作・配信を行っていくのであれば、期待する指標や手応えを得れば、定着期に移行することができます。

　定着期に移行したあとは"背伸び"をしている状態をやめて、実行期で確かめて成果の出た動画の内容に関わる制作方針、必要な制作期間などを元に、担当者がワークフローに従い、ルーティンワークとして粛々と行うだけです。

　なお、「まわす」の動画戦略図は「つくる」「とどける」よりも施策の種類に幅があり、数も多いです。動画戦略図に書ききれない場合は、別途タスクリストを用意してそこで管理してもよいでしょう。

Chapter

5

動画を「まわす」

Column 社内に素材ストックシステムを構築する

　動画をセールスやマーケティング活動に組み入れていくなら、素材収集活動の仕組み化をおすすめします。

　Adobe Stock、Getty Images など数千万、数億といった静止画、動画、イラストなどの素材ファイルを買い切りまたはサブスクリプションでストックフォトサービスを提供していますが、この仕組をそのまま社内に構築してしまうのです。

　この仕組みには製品プロモーション、イベント、製品マニュアル、会社案内など、業務で撮影したファイルはすべて所定の場所にストックする、というルールが必要です（図 5-12）。Box や Dropbox、Google フォトなどを素材置き場に使えます。

　外部のカメラマンやキャストを起用している場合は、撮影した素材の使用許可などについて別途契約を交わしておく必要がありますが、いつでも使用できる素材が社内にあることは、動画制作をするうえでのハードルとなる素材の撮影・収集コストを大幅に削減します。また、企業で日々行われているさまざまな出来事のアーカイブとしても価値をもちます。

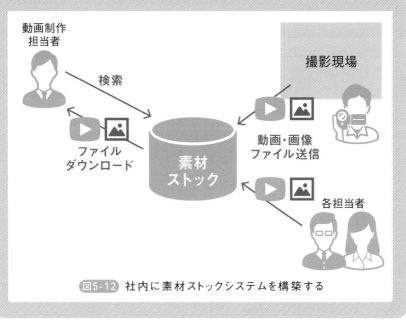

図5-12 社内に素材ストックシステムを構築する

活用シーンで学ぶ
動画戦略

活用シーンを読み解くポイント

Appendix
01

>>> 目先のものにとらわれず、「あるべき状態」を見据える

　ここからはニューノーマル時代の見込客育成、非接触の営業戦略、CRM向上、検索結果向上などを目的とした動画活用のシーンを題材にします。

　こうした場面においてどのような「成功の定義」＝「視聴者のあるべき状態（視聴者に起こしたい変化）」を実現し、「つくる」「とどける」「まわす」のあるべき状態を設定したのかを、動画戦略図を用いて解説します。合わせて、目的別の動画活用の「考え方」もお伝えします。

　一つひとつの活用シーンでとくに注視すべきは、目的に対して「視聴者」と「つくる」「とどける」「まわす」のあるべき状態をどのように表現しているかです。

　できる限り多くの業界・目的・製品に適用できるように配慮しました

が、使用できるお金と時間、抱えている人材、製品と製品がもつ動画化価値、視聴者との関係性、その他利用できる資産などによって、制作する動画コンテンツや使用するツールやプラットフォームは変わります。

　「この事例のような恵まれた条件は自社にはない」と考えてしまうのではなく、制作する動画や使用するツールはあくまで手段に過ぎません。肝心な「あるべき状態」を見定めてください。

　「あるべき状態」を表現することができれば、まねしたくなる出来栄えの動画や、流行りのツールに惑わされず、自社の条件に適した手段を選択できるようになります。

　自社の目的と状況を鑑みて自社に適した「あるべき状態」を表現できるようになることを意識してください。

見込客獲得・育成から
商談につなげる

>>> 発見・遭遇段階での動画活用

　新型コロナ以降急速に環境が変わり、大きな変化を迫られた BtoB のセールス・マーケティング活動。ここでの BtoB は、BtoC 商材を展開していても法人向けサービスやプランを展開している企業・部署も含みます。

　これまでの主要な見込客の発掘・獲得手段だった大規模展示会は規模縮小・中止され、オンライン展示会に舵を切った主催社や、独自に一社だけのオンライン展示会を開催する企業も出てきています。見込客獲得後の育成手段も多くがウェビナー（オンラインのセミナー）に切り替わりました。いまや**見込客も自分自身も在宅勤務であることが珍しくなく、ここでも非対面・非接触の営業活動が求められています。**見込客の獲得、育成、商談という重要なプロセスを再構築している企業が、どのように動画を活用しているかを紹介します。

　新しい見込客の獲得には広告、オン・オフラインの展示会、ウェビナー

などの手段があります。広告であれば、ビジネスメディア・業界専門メディアでのディスプレイ広告、記事広告、ホワイトペーパーダウンロードなどのメニューがあります。リスティング広告や SNS 広告で自社のランディングページに誘導し、ノウハウ PDF や e-book、ホワイトペーパーやセミナー動画などをダウンロード・閲覧・視聴できる特典（オファー）をつけて、見込客のメールアドレスや所属企業の情報を獲得するという定番の手段もあります。

　オンライン展示会は従来のオフライン展示会と異なり、場所をおさえるコストがないため、オフライン展示会ほどの規模ではなくとも、複数の出展社を集めカンファレンスやサミットなどと称したデジタルイベントが Web メディアやツールベンダー企業によって開催されるようになりました。デジタルイベントでは自社製品を展示するスペースはなく、ライブまた

はオンデマンドのウェビナーコンテンツの配信や、製品紹介動画などを求められるようになりました。今後はこうしたデジタルイベントにとどまらず、ビジネスメディアで常時ウェビナー動画を配信し、許諾を得たうえで

視聴者情報を提供する成果報酬型の商品が出てくるでしょう（ツールベンダーのオウンドメディアではすでにあります）。

　この段階で使用できる動画コンテンツには図6-1に示す種類があります。

発見・遭遇 → 情報収集・検索 → 学習 → 試用・問合せ → 商談・検討 → 購入・利用 → 習熟・問題解決 → 継続利用 → 愛着 →

・自社製品紹介動画（広告配信）
・デジタルイベントやオンライン展示会への出展告知動画（広告配信）
・自社展示会・自社主催ウェビナーの告知動画（広告配信）
・ウェビナー動画のライブ配信（Twitter広告）
・ホワイトペーパーやebookのダウンロード促進動画（広告、自社LP配信）

図6-1 発見・遭遇段階での動画コンテンツ

　ここで獲得した見込客は育成期間（リードナーチャリング）に入ります。見込客育成期間は、見込客に製品を購入してもらうまでの情報、事例、判断基準、考え方などを提案し続けます。見込客には漠然とした、あるいは明確になっている課題や目標があり、それを解決・実現する手段として企業が提供する製品があります。

　見込客育成で難しいのは、見込客の自社製品導入の確度や目標実現、課題解決の緊急度、課題についてのリテラ

シーの状態・レベルが異なることです。一般的に潜在層と顕在層に分け、自社がどの層の見込客に対応するかによって、制作するコンテンツの内容や数が変わってきます。潜在層から顕在層まで対応しようとすると、制作する動画は多岐にわたってきます。見込客育成期間の動画コンテンツには、**潜在層から顕在層に向かう順に適したコンテンツとして、学習コンテンツ、ニュースコンテンツ、セールスコンテンツの3種類があります**（図6-2）。

課題に対する緊急度が高かったり、すでに自社製品を含め複数の製品を比較検討したりしている「いますぐ」の見込客を顕在層とします。顕在層は製品導入までの期間が短いため優先的に対応します。顕在層に見せる動画は、製品の特徴紹介、操作方法、自社製品を使用した顧客の成功事例インタビューなど、製品導入のもう一押しを行う「セールスコンテンツ」です。ただ、その母数は多くありません。

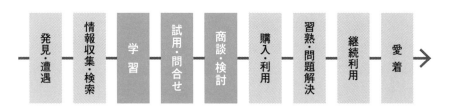

| 発見・遭遇 | 情報収集・検索 | 学習 | 試用・問合せ | 商談・検討 | 購入・利用 | 習熟・問題解決 | 継続利用 | 愛着 |

A 学習コンテンツ
・業界、関連テーマに関するトレンド、ニュース解説
・概念や手法の成り立ち、歴史、未来予測
・目標や課題に関する基礎知識や考え方

B ニュースコンテンツ
・キャンペーン、セミナー告知
・自社製品のアップデート
・セミナーレポート、セミナー参加者の声

C セールスコンテンツ
・担当者あいさつ、紹介
・事例紹介、解説　・顧客インタビュー
　　　　　　　　　・自社担当者、外部専門家による解説
・自社製品紹介　・機能、ベネフィット解説
　　　　　　　　・製造工程紹介
　　　　　　　　・操作方法解説
・料金プラン（メリット・デメリット、シミュレーション）
・よくある質問

図6-2　学習・ニュース・セールスにおける動画コンテンツ

そこで、緊急度の高くない「これから」の潜在層を育成していく必要があります。緊急度の高くない見込客は、与えられた目標を実現し、課題を解決するために参考となる考え方や手法はないか、適したツールはないかといった情報を収集している段階です。中には会社から目標を与えられたものの、どうやって取り組んでいけばいいかわからず、藁をもつかむ気持ちで

Appendix　活用シーンで学ぶ動画戦略

ウェビナーを受講し続けている人もいます。また、会社からの指示ではないものの必要性は感じているので、担当者が個人的に学び始めたということもあります。こうした方々に見せるコンテンツは、自社製品の機能特徴や成功事例インタビュー動画ではミスマッチで、**目標や課題に関する基礎知識や考え方などを醸成する「学習コンテンツ」が有効**です。

　潜在層は顕在層よりも母数が多く、製品導入までの期間が長くなります（図6-3）。さまざまな知識や情報を見込客自身が学んでいくことによって、いろいろな製品を比較検討し、結果的に自社製品が選ばれないことも起こ

り得ます。どちらから取り組むかは営業・マーケティングの方針や割けるリソース次第です。セールスコンテンツ・学習コンテンツともにライブ型・オンデマンド型のウェビナーでの配信や、ウェビナーに比べて短い機能ごとの特徴紹介動画など、さまざまな種類が考えられます。

　ニュースコンテンツは、潜在層や顕在層とコミュニケーションを取り続けるためのコンテンツです。潜在層に継続して学習を促したり、顕在層の意思決定を促したりするような情報をとどけます。顕在層であればプレスリリースなどでもよく目にしますが、自社製品が有名企業に導入されればそ

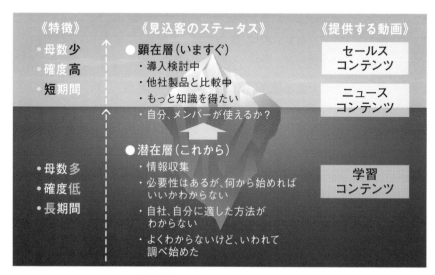

図6-3 顕在層と潜在層の特徴

の事実や導入担当者の期待の声など
をニュースとしてとどけます。ウェビ
ナーの告知であれば、期待感を抱かせ
るために担当者によるセミナー内容
や魅力などを30秒程度で制作し、視
聴申込に誘導します。ウェビナーで見
せるスライドや講演者のコメントを
差し込むのも効果的です。実施した
ウェビナーやイベントなどのレポー
トを動画にしたり、参加した方の感
想、アンケート結果などをテロップや
グラフで表示し、参加できなかった・
しなかった潜在層に配信したりして、
次回参加を促します。

》》》 セールスコンテンツに動画を活用した場合

　では、セールスコンテンツに動画を
活用した動画戦略図を見てみます(図
6-4)。この企業はさまざまなIT製品
を仕入れて販売する商社です。

　これまでオフラインの展示会で獲
得した名刺に対し、テレアポ部隊がア
ポイント依頼やセミナー勧誘の電話
をかけ、取れたアポに対しては営業社
員が訪問して課題のヒアリングや情
報提供、提案を行う運用プロセスを敷
いてきました。新型コロナ以降、同社
は輪番制で営業社員が出社していま
すが、これまでIT製品を使用して非
効率な業務を改善し、生産性向上を目
指すことを主要なメッセージとして
おり、今後はDX支援ビジネスにも取
り組みたいと考えている手前、見込客
訪問は控え一連のプロセスをすべて
オンライン化することになりました。

　オンライン中心の営業活動に動画
を活用するうえで設定した目的は「オ
ンライン商談後の製品導入率を向上
する」です。これまでもビデオ商談は
行ってきましたが、商談後の製品導入
率がリアルな展示会に比べて低いと
いう課題がありました。

　その理由は商談前の自社製品への
理解度が高まっていないことと、「こ
の担当者ならいろいろ相談できる」と
思ってもらえていないのが理由では
ないかと考え、成功の定義を「オンラ
イン商談前に、製品に対する理解と自
社に対する信頼度が高まっている」と
しました。この成功の定義を実現する
ための「つくる」「とどける」「まわ
す」のあるべき状態を図6-4のように
設定しました。

　「つくる」で設定した「課題に対し
て、適切な製品の仕様、機能、料金プ
ランが用意されていることが、営業社
員の言葉で語られている」状態を実現
するために、「企業活動を行ううえで

「つくる」のあるべき状態

製品の効果が課題に対して、適切な製品の仕様、機能、料金プランが用意されていることが、営業社員の言葉で語られている

「とどける」のあるべき状態

営業社員が見込度の高い見込客にメールで配信できている

「まわす」のあるべき状態

営業社員が見込客毎にパーソナルな動画を収録・配信し、視聴動向を把握できている

目的	オンライン商談後の製品導入率を向上させる
成功の定義	オンライン商談前に、製品に対する理解と自社に対する信頼度が高まっている

● 所与の条件

動画制作者	営業社員	動画化対象	各種IT商材

視聴者	企業の情報システム部門、経営企画担当者

所有するモノ	HTMLメール制作・配信ツール、動画制作ツール・配信プラットフォーム、Zoom、過去に制作したパワーポイント資料

図6-4 セールスコンテンツの動画戦略図

多くの人手を介しなければいけない面倒で非効率な業務」を1つずつ選定しました。それに対して「1課題1ソリューション」動画を主要製品分、制作することにしました。

制作ルールとして、できるだけ尺を短くしました。理由は、尺が短い方が見込客がお昼休みや打合せと打合せの隙間時間に視聴しやすくなることに加え、視聴時間を短くすることで離脱を防ぐためです。

同社は1つの課題に対して機能・スペックの異なる複数の商品を扱っているため、見込客の企業規模や予算によってどの製品がおすすめかがわかるスペック・機能と料金プラン対応を紹介する動画も制作しました。

これらの動画を制作するときに使用したメソッドは「プレゼンテーション」（3-14参照）と「図解」（3-09参照）です。プレゼンテーション動画は、見込客が自社の営業社員に親近感や信頼感を得てもらえるよう必ず営業社員の顔を出すことにしました。

は、見込客が自社の営業社員に親近感や信頼感を得てもらえるよう必ず営業社員の顔を出すことにしました。

営業社員がわざわざ顔を出して動画を制作するための時間を取るからには、動画を配信する見込客はある程度見込度が高くなくてはいけません。そこで、カンファレンス参加者に一斉にメールを配信し、開封してくれている見込客から優先的に動画を制作し、営業社員が自分でその動画を見込客にメール配信することにしました。

この事例の**「まわす」ポイントは、営業社員が見込客ごとに動画を制作する作業をできるかぎり楽に運用したところです。**同社ではこの動画を制作するために「どの課題にどの製品がおすすめか？」がわかるパワーポイント資料を制作しました。動画制作にあたって、収録する資料は共通のものにして、営業社員が話す内容は自由にしたのです。

営業社員のパワーポイント制作の手間をなくし、動画収録と配信を営業社員に行ってもらうことにしました。配信後は動画配信プラットフォームで動画の視聴動向を把握します。動画の視聴完了率が高ければ、それだけ製品に対する理解度が高まっているとみなします。そして、視聴完了率の高い見込客から電話をかけ、Zoomを使用したオンライン商談時に製品に対する理解度、営業社員に対する親近感や信頼度を高めておくという視聴者の状態の実現を目指しました。

≫≫ 訪問商談とオンデマンド動画をどう使い分けるか？

続いて、訪問商談と見込客が自分の都合で視聴できるオンデマンド動画をどのように組み合わせればよいかを考えます。

まず、主な営業の手段として「訪問商談」「ビデオ商談」「動画」の3つがあります。動画にはライブとオンデマンドがありますが、ライブはビデオ商談に該当すると考え除外しました。そのため、本項の「動画」はオンデマンド動画になります。「訪問商談」「ビデオ商談」「オンデマンド動画」を「場所」「時間」「人数」の観点で整理したのが表6-1となります。**オンデマンド動画は時間、場所を共にせず、人数も各自視聴できるところに最大の特徴があります。**時間と場所を共にできないので相手のリアルな反応をその目で確かめることができませんが、視聴動向データを取得することで対応で

し、オンデマンド動画は関係性が深まっていない状態でもメールアドレスさえわかれば、情報提供や提案をすることができます。

また、訪問商談では、その場に担当者とその上長や関連部署の人物が出席していれば、検討・決済が進みやすくなりますが、そうでなければ別途調

	場所	時間	人数
訪問商談	共にする	共にする	全員参加する
ビデオ商談	共にしない	共にする	全員参加する ※録画して視聴するという手も
オンデマンド動画	共にしない	共にしない	各自視聴する

表6-1 時間と場所による商談スタイルの整理

整の手間がかかります。オンデマンド動画なら URL を共有し、各自視聴しておいてもらうことができるので、スケジュールや会議室などの調整が不要になります。

　情報提供や提案動画の内容が、見込客・顧客が求めているものである場合、**動画を視聴した人物が、社内のイントラやメールなどを利用して、より多くの関連人物や部署に「共有」する**可能性が高まります。もし商談や製品デモの日に関与者が不在だったとしても、動画が本人の代わりに何度でも製品説明やデモを行ってくれます。

　こうした動画も視聴動向を取得できるツールや SFA ツール、CRM ツールと連携していると、動画送付先のどの部署の誰が視聴しているのかがわ

かるので、当初は想定していなかった部署への提案機会が新たに生まれる可能性もあります。こうした社内での拡散力は動画にしかない魅力です。

　さらに、ある提案動画を見込客・顧客に送付した際、担当者が「社内営業」しやすいようにすることもできます。動画配信プラットフォームによっては、動画の再生中にアンケート機能を付けることができ、提案内容についての意見や感想、質問などを集約することができます。担当者が社内の意見をいちいち聞いて回る仕事を減らし、迅速に見込客・顧客に対応できるようになります。

　訪問営業が今後一切行われなくなることは考えられませんが、訪問しかしない営業活動はなくなっていくで

見込客・顧客に対応できるようになります。

訪問営業が今後一切行われなくなることは考えられませんが、訪問しかしない営業活動はなくなっていくでしょう。**訪問商談、ビデオ商談、動画という異なる方法を組み合わせることで、より効率的な営業活動および体制が構築できます。**

>>> 学習コンテンツを見込客向けに提供する

学習コンテンツは潜在層の見込客向けの内容です。潜在層の見込客は、顕在層になるまでに社内の状況が変わったり、見込客自身の関心や優先事項が変わったりして、途中で離脱をしたり、製品導入までに要する期間が長くなります。

しかし、この段階で知識や考え方を提供し、よい体験をしてもらうことで、見込客の状況が変わったとき、最初に声がかかる可能性が高くなります。学習コンテンツを必要としている見込客は、セールスコンテンツをとどける見込客よりも、まだ製品導入の緊急度や取り組む課題についてのリテラシーが低い段階にあります。

そのため、資料請求や無料トライアルをしても、熟考した結果ではなく「無料だったらやってみるか」くらいの気持ちで触ってみた人が多いため、商談や製品導入につながる率が低いです。

そうした見込客にセールスコンテンツをとどけても、「まだ情報収集段階だから……」と営業色を強く受け止められ敬遠されたり、そもそもそうしたタイトルのメールや動画を目にしてくれなかったりします。**学習コンテンツの内容は検索すればすぐわかるような情報では価値がありません。**知識は必要ですが、それ以上に価値があるのは次のような情報です。

- メーカーやベンダーの社員の内に埋もれている暗黙知、原理原則
- 見込客の条件や属性が異なっても適用可能な方程式、判断基準
- 見込客が自社で製品を運用していくときの進め方、社内浸透のさせ方
- 個々の事例から、他の条件のケースにも応用できる原理原則

これらを学習コンテンツの「普遍的概念」と名づけました。学習コンテンツづくりにはこれらを導出することが不可欠です。また、メーカーやベンダーにとっては当たり前すぎるノウ

まず図6-5上段のA枠に販売したい製品名、B枠に製品を使ってユーザーが行う業務（片づけたい用事）を書きます。次に、左端の「あるべき状態、望ましい姿」には自社製品を使うことでユーザー（顧客）の業務が「こうなっているべき」と思う理想的な状態、望ましい姿を書きます。右端の「使い方、商品特長」には自社製品が有する機能的な特徴、操作上の工夫などを書きます。この理想的な状態と、提供できる機能・スペックの間に「橋をかける」ことができるものが普遍的概念になります。

図6-6に動画制作ソフトを対象とした記入例を示しますので参考にされてください。

A	導入してもらいたい製品	
B	Aを使ってユーザーが行う業務	

あるべき状態、望ましい姿	考え方、普遍的概念	使い方、商品特長

図6-5 普遍的概念導出シート

A	導入してもらいたい製品	動画制作ソフト
B	Aを使ってユーザーが行う業務	ECサイトの商品説明や購入促進動画を制作する

あるべき状態、望ましい姿	考え方、普遍的概念	使い方、商品特長
商品に合わせ、魅力を伝えるための効果的な演出ができる	撮影対象に合わせて動画化すべきポイント、判断基準。	EC、観光、不動産などジャンルに応じた絵コンテファイルを提供
コストが安く、短い時間で商品点数分を撮影できている	撮影対象に合わせた、撮影場所や小道具などの演出方法	絵コンテはCMディレクターが監修
ターゲットに合わせてつくり分けができている	人が出る場合の演技指導、ノセ方	月額50,000円で撮り放題
社内が動画制作に協力的。制作体制が整っている	自社の動画に適したクオリティ基準を定める力	スマホだけで撮影可能

図6-6 普遍的概念導出シートの記入例

学習コンテンツで
見込客を育てる

》》》 メールマーケティングシステムの活用

学習コンテンツを動画でとどけているあるメールマーケティングシステムの事例を紹介します。**HTMLメールはテキストメールと異なり、画像やボタン、色を使うことができ、わかりやすく、見映えよくできるのが魅力です。**しかし、担当者が見づらいデザインのメールをつくっていては、期待する効果を得ることができません。

そこであるツールベンダーでは、自社ツールの使い方や導入事例インタビュー動画といったセールスコンテンツとは別に、メールをデザインするための考え方を動画にして配信することにしました（図6-7）。

「つくる」では、デザインの基礎となる考え方（カラムの使い方、段落のつけ方、配色の考え方など）をパワーポイントで制作した資料を収録し、話者がワイプで話すオンデマンドウェビナーとしました。デザイン事例の解説動画は資料制作はせず、実際のHTMLメールを投影しながら、同じ

く話者がワイプで顔を出して解説する動画にしました。「プレゼンテーション」の動画はセールスコンテンツでも学習コンテンツでも使用できる便利なメソッドです。

これらのメールは、過去、ウェビナーに参加した見込客や、資料請求・無料トライアルしただけで休眠している見込客にメールで配信し、学習コンテンツの視聴者は積極的にフォローする段階にないとして、誰がどのくらい視聴しているかといったデータは追わず、メールデザインに関心のある見込客に発見されることも期待してYouTubeで配信することにしました。この動画はツール導入の緊急性やリテラシーの低い状態で資料請求や無料トライアルを行っている見込客を対象にしていますが、資料請求ページや無料トライアルのアカウントを通知するステップメール（無料会員登録や購入など"あるアクション"を実行したユーザに対し、あらかじめ

準備したメールを機械的に配信する手法）にも、この動画のサムネイルとリンクを記載し、興味関心があれば動画を視聴してもらうように工夫しました。

「まわす」ためのメンバーが少ないため、できるだけ動画の企画・制作コストやメンバーにかかる負荷を抑える必要があります。その際に**役立ったのが、過去に制作していたメールマーケティングに関するブログ**でした。以前からコンテンツマーケティングに取り組んでいた同社では、国内外のさまざまなデザインのメールを業界別・商材別に分類、解説するブログ記事を書いていました。この記事があったため、解説動画を制作するときに用いるナレーションの原稿づくりがとても楽になりました。ここで制作した動画は、見込客育成が目的でしたが、ツール導入後の「習熟・問題解決」のプロセスでも活用することが可能です。

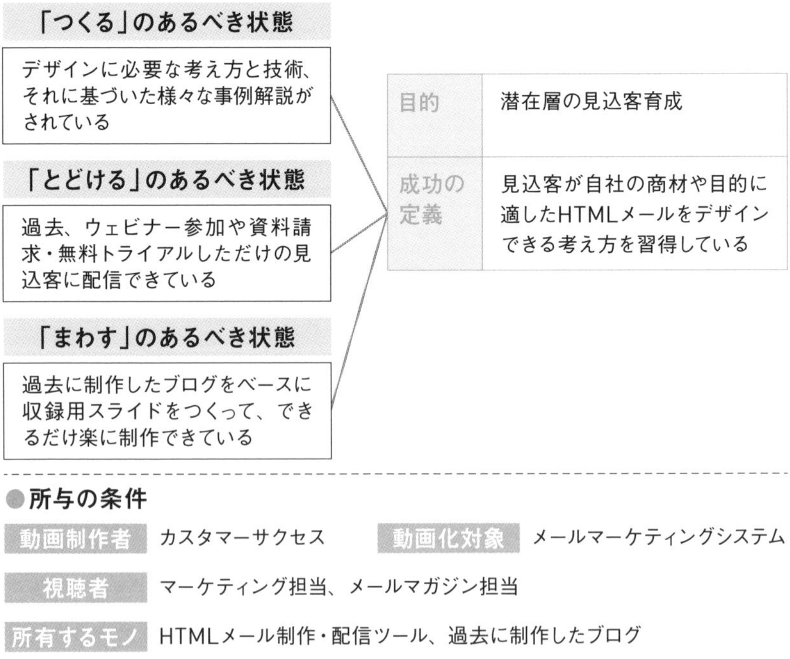

「つくる」のあるべき状態	目的	潜在層の見込客育成
デザインに必要な考え方と技術、それに基づいた様々な事例解説がされている		
「とどける」のあるべき状態	成功の定義	見込客が自社の商材や目的に適したHTMLメールをデザインできる考え方を習得している
過去、ウェビナー参加や資料請求・無料トライアルしただけの見込客に配信できている		
「まわす」のあるべき状態		
過去に制作したブログをベースに収録用スライドをつくって、できるだけ楽に制作できている		

●**所与の条件**

動画制作者 カスタマーサクセス　動画化対象 メールマーケティングシステム

視聴者 マーケティング担当、メールマガジン担当

所有するモノ HTMLメール制作・配信ツール、過去に制作したブログ

図6-7 学習コンテンツの動画戦略図

EC販促の
コンバージョンを上げる

》》》 効果的な商品の特性

防災用品を扱う中小企業の商社が、ECの販売促進を目的にした動画活用の事例を紹介します。「商品点数が多い」という特徴さえあれば、食品、玩具、フィットネス、DIY、園芸などどんなジャンルでも応用できる事例です。動画で商品の販売促進を目的とするうえで、**誰もが使い方を知っている商品、それが何かがわかっている商品は、動画にしても販売に影響はない**という原則があります。テレビCMでさんざん目にしている製品を、動画化して購入ページに置いてもコンバージョンが上がることはほとんどありません。コンバージョンが上がるのは、**料金がそこそこ（商品に対して少し高いと感じる値段感のもの）で、使い方がよくわからない、どう動くのかわからない**といった類のものです。この原則のもと、コンバージョン向上を目的にして、成功の定義は「視聴者が商品の使い方がわかって、安心して購入ボタンを押せている」としました

（図6-8）。

「つくる」で設定したあるべき状態は、「1つの製品につき、複数のシチュエーションを用意して、さまざまな用途を見せることができている」です。その理由は、商品はメーカーには「こう使ってほしい」「こう使うだろう」という意図があっても、ユーザーはメーカーが思いもつかなかった使い方をすることがあり、それが商品が売れる要因にもなるからです。

そこで、メーカーが提案する使い方以外にも商社自らが考えた用途を動画にして配信することにしました。たとえば、暗闇で光るテープは、モノに貼っておくと地震などによる停電時でも、必要なモノがどこにあるのかがわかります。ヘルメットや非常用ライト、非常階段や手すり、ドアノブといった場所に貼って、照明をオンからオフにして暗闇でどのように見えるのかという動画を制作しました。動画はYouTubeにアップし、YouTubeの

視聴プレイヤーを購入ページに埋め込んで配信しました。

「まわす」では、1つの商品につき複数のシチュエーションで制作するにあたって、企画・制作コストを下げるため、カット数や秒数、内容などの構成のためのモジュール（3-11参照）を使いました。カット数は4つで、1カット目をオープニングカットとしてテープとテープが使われる対象を一緒に撮影し、2カット目でテープが使われる対象の名称を印字し、3カット目でテープを対象に貼り、4カット目で照明を落として暗闇でテープがぼんやり光る、という流れにしました。

型を決めてしまえば、商品を使用する対象やシチュエーションが変わっても、その都度構成に頭を悩ませる必要がなくなり、短時間で複数の動画を量産することができるようになります。また、この制作方法は**Google検索で上位表示されるという効果ももたらします。**

	「つくる」のあるべき状態

1つの製品につき、複数のシチュエーションを用意して、さまざまな用途を見せることができている

	「とどける」のあるべき状態

購入ページで配信し、購入前に視聴されている

	「まわす」のあるべき状態

製品紹介の構成をモジュール化して、企画・構成に時間をかけずに制作できている

目的	ECのCVR向上
成功の定義	視聴者が商品の使い方がわかって、安心して購入ボタンを押せている

● 所与の条件

動画制作者	社長、EC担当者	動画化対象	防災用品
視聴者	企業の総務担当者		
所有するモノ	動画制作ツール		

図6-8 ECの販売促進の動画戦略図

Appendix
05
検索結果を上位に表示させる

>>> 強調スニペットの工夫点

　動画の量産体制ができれば、Googleの検索結果の「強調スニペット」（3-16参照）に取り組み上位表示を目指したいところです。筆者が試した結果、上位表示されるために効果がありそうな工夫点は次の6つになります。

❶動画はYouTubeで配信する（他の動画共有サイトよりも、YouTubeの方が優先的に表示される）

❷動画のタイトルをユーザーが検索するときに入力するワードと対応するように工夫する（例：「○○の仕方」「○○のやり方」「○○、方法」など）

❸1つの検索ワードに対して、さまざまな切り口・種類の動画を複数つくる

❹それらの動画が一定数再生されている

❺制作した複数の動画をYouTubeの「再生リスト」にまとめておく

「つくる」のあるべき状態
食品別の盛り付け方とお皿の選び方がわかるようになっている

「とどける」のあるべき状態
「食品名（あるいは食品のカテゴリー名）、盛り付け方」でYouTubeに配信する

「まわす」のあるべき状態
製品紹介の構成をモジュール化して、企画・構成に時間をかけずに制作できている

目的	検索結果で上位表示され、「食器といえば○○社」と印象づける
成功の定義	「食品名（あるいは食品のカテゴリー名）、盛り付け方」の強調スニペットを独占している

図6-9 食器メーカーの動画戦略図

❻YouTubeの管理画面（YouTube Studio）で、検索対象となるものの名称や「○○の仕方」というタグをつけておく

　ここではある食器メーカーが商品の検索結果の上位表示を目指し、ひいてはブランディングを目的に動画活用をした事例を紹介します（図6-9）。テレビCMを打つ予算はなかったため、食器について**ユーザーが感じている課題や悩みを解決する動画を配信し、ユーザーの課題解決の役に立つことで自社の存在を印象付けたいと考えました。**そこで食品や料理別の盛り付け方とお皿の選び方動画を制作しました。肉や魚料理、パスタやうどん、オードブルやサラダなどを、どのような順番で、どのように盛り付ければ美味しそうに見えるのかを5カット60秒で構成しました（図6-10）。自社商品の食器を使って、料理との相性も考慮しました。

　食品や料理が変わっても、必ずこのカットに当てはめて撮影することで動画を効率的に制作できます。また、この動画には、ミニ番組の考え方も入っています。視聴者が企業がその動画を配信している理由が感じられること、動画からその企業らしさを感じられること、視聴者の課題を解決する方法をそれとなく伝えられることを意識して企画されました。

　さらに、同社の**メルマガ会員向けにも「お役立ちコンテンツ」としてメールで動画を配信し、再生回数を増やすことを狙いました。**

　もし動画制作に取り組むテーマのYouTuberや動画を配信しているその道の専門家がいれば、彼・彼女らに動画に出演してもらうか、動画制作を依頼することも考えられます。

図6-10　料理の盛り付け方とお皿の選び方動画の構成

1. オープニング：完成した盛り付けカット
2. 料理に適した皿を選ぶ
3. 盛り付けの手順1
4. 盛り付けの手順2
5. 盛り付けの手順3

顧客ロイヤリティを
向上させる

>>> 製品の楽しみ方や顧客の声をとどける

　製品導入、商品購入後の顧客ロイヤリティ向上にも動画が活用できます。ここではDtoC（Direct to Consumer：中間流通業者を通さずに、自社のECサイトを通じた顧客への直接販売形態）ブランドの事例を紹介します。

「つくる」のあるべき状態

旬の魚を楽しむための様々な情報を動画化できている

「とどける」のあるべき状態

商品がとどくタイミングに合わせて動画が視聴されている

「まわす」のあるべき状態

その月にとどける魚と季節の食材を使ったレシピ制作と試食会イベントとの連携が取れている

目的	ロイヤリティを向上して継続購入してもらう
成功の定義	自分と同じ属性の人が商品を支持していていると感じられ、毎月の商品の到着を楽しみにしている

● **所与の条件**

動画制作者	アルバイト	動画化対象	魚の離乳食

視聴者	自社商品の購入客

所有するモノ	地元生産者、加工業者のネットワーク、管理栄養士、動画制作アプリ

図6-11　DtoCの動画戦略図

　この企業は地元でとれる旬の魚を離乳食用に加工して、毎月定期販売するビジネスモデルで提供しています。**定期購入してもらうための施策として動画を活用**しました。商品の良さには定評がありますが、それを顧客が感

じているだけではなく、その他の顧客も商品を支持してくれていることや、商品を使う時間を楽しんでもらうためのコンテンツを提供して、毎月の商品の到着を楽しみにしてもらうことを成功の定義としました（図6-11）。

「つくる」では、毎月内容が変わる旬の魚のレシピ動画、新型コロナ以前は毎月開催していた旬の魚の試食イベントのレポート動画や試食した子どもの様子や親のインタビュー動画などを撮影しました。それらの動画を商品と一緒に梱包するチラシにQRコードを記載したり、定期配信するメールマガジンでとどけました。主目的は購入顧客のロイヤリティ向上ですが、赤ちゃんの食に関心の高い親が「離乳食、つくり方」「離乳食、魚、レシピ」といったキーワードで検索し、そこから自社商品のことを知ってもらうことも狙って、動画をYouTubeにおきました（図6-12）。

この施策は管理栄養士監修のレシピ制作活動や試食イベント活動が先にあって、それを後から動画化したのでした。わざわざ動画専任者を置くような余裕はなかったため、アルバイトが試食会やレシピ制作の現場に伺い、そこで撮影した素材を組み合わせて動画制作アプリで動画を制作する運用体制にしました。最近では地元農家と連携して、季節の野菜とセットにした離乳食キットも販売し、その販促コンテンツとして、農家インタビューや産地紹介動画なども制作・配信しています。

発見・遭遇　情報収集・検索　学習　試用・問合せ　商談・検討　購入・利用　習熟・問題解決　継続利用　愛着

・自社製品の楽しみ方、使いこなし方動画
・自社製品の顧客やファンの声（インタビュー）動画
・イベントレポート動画など

図6-12　顧客ロイヤリティを向上させる動画活用

アフターフォローを
省力化する

》》》 マニュアル動画で疑問点を解消する

事業を行っていくうえで顧客へのアフターフォローは重要な業務でありながらも、そこに十分な予算や人員を割ける企業は多くありません。実は**アフターフォローにも動画が役に立ちます**。あるハウスメーカーが、竣工後のアフターフォロー業務として動画を活用した事例を紹介します。

業務の主な内容は、家屋の内外に設置している機材についてのメンテナンス対応、問合せ対応です。メンテナンスは古くなったり壊れてしまったりした部品は有償ですが、それらの取り付け・交換業務は無償です。施主が自分でできるものが多く、問合せがあれば電話口でメンテナンスやサポート担当者が操作案内を行いますが、結局は「わからないので来てほしい」となることがあります。似たような問い合わせが増える時期は、すべてに対応することができません。

そこで、施主が家庭にある道具でできる、あるいは道具を必要としないメンテナンスで、かつネジの締め具合の力加減や浄水器のカートリッジを簡単に外すコツといった、動画で伝えればわかりやすくなる情報から動画化することにしました（図6-13）。

動画制作リストをつくり、換気扇のフィルター交換など季節柄問い合わせが増えるものと、新築から数年経ち、住み慣れたころに多く出てくる浄水器カートリッジの交換方法などを優先的に取り組むようにしました。動画はマニュアル動画として、3ステップや5ステップなどの型を決めて制作する型と、タイムラプスで一連の手順を説明する型（3-08参照）の2種類を制作しました。

自社で保有していない製品がある場合は、メーカーにメンテナンス動画を制作するうえで必要なるカットの要件を伝え、その部分だけを撮影して送ってもらうことにしました。動画制作担当者は送ってもらった素材を使って、メンテナンス動画を完成させることが

できるので、メーカー側にかける負担も少なくて済みます。問合せが増える時期を見越して事前にメールと紙の会報誌で動画をとどけることにしました。また、施主の築年数に応じて、必要となってくるメンテナンス情報を配信しています。

さらに、電話でサポートする際にも動画を送って一度見てもらい、そこでもわからなければメンテナンススタッフが出動する体制にしました。**メンテナンスやサポート動画は IT 製品などであっても応用可能です。**経験の浅いサポートスタッフでも、その動画があれば適切なサポートができるようになります。

少ない人数で顧客にサービス提供をしていくうえで、動画が人の代わりに働いてくれる好事例です。

「つくる」のあるべき状態

汎用的なメンテナンス作業を選出し、その方法のうち写真ではわかりにくい部分と、家庭にある道具でできるものを動画化している

「とどける」のあるべき状態

問合せが増える時期を見越して、メールとDMで事前に配信できている

「まわす」のあるべき状態

自社で保有していない機材情報を、メーカーから提供してもらうことができている

築年数別に情報を必要とする顧客リストを抽出できるようになっている

目的	アフターフォローの業務コストを下げる
成功の定義	動画で対応できる業務を増やし、人が対応する時間を減らして、パーソナルに対応しなければいけない仕事に時間を使えるようになっている

●所与の条件

動画制作者 サポート担当者、メンテナンス担当者　　動画化対象 物件の各種設備

視聴者 物件購入者、居住者

図6-13 アフターフォローの動画戦略図

オンボーディングを
省力化する

>>> オンデマンドとライブでサポートする

SaaS ビジネスでは顧客が製品に習熟して問題を解決できるようにするためのサポートが欠かせません。製品導入後のオンボーディング（新規顧客をさまざまな活動でサポートしながら満足度を高め、製品操作に習熟させ、継続利用できる状態にすること）にも動画が活用できる事例を紹介します。

人事向けソフトウェアを提供するある企業では、製品導入後に計 10 回のオンボーディング活動を行っています。製品概要、製品を使いこなすことで解決する問題、製品にできること・できないことといった内容を序盤で伝え、それ以降は機能ごとの操作方法を教えていきます。

この企業は各部署の人員が少なく、ソフトの利用ユーザー数によって料金が異なる料金形態なので、大口顧客ほどオンボーディングを受ける参加者のスケジュール調整に時間がかかってしまっていました。さらに、そ

れぞれの回に参加できないユーザーがいると、オンボーディング終了後も質問が来て対応に時間が割かれるという問題がありました。

そこで、これまでオン・オフラインでライブで行っていたオンボーディング活動を、オンデマンド動画を部分的に取り入れた活動に切り替えました。

具体的には、これまでのオンボーディング活動で説明してきた製品概要や機能をすべて動画にしました。動画は製品導入後、全 10 回の活動順にステップメールで自動配信しました。人が行うサポートは 3 回にして、視聴された動画に対する質疑応答をライブで行うことにしました（図 6-14）。

この体制によって、**スケジュール調整の時間を大幅に減らすことができます。**操作説明の動画をあらかじめ見ておいてもらうことで、ライブは質疑応答に集中できます。動画を視聴すれば解決する質問であれば該当する動

画を紹介し、動画では解決できない質問に時間を割くことができます。

また、オンボーディング用の動画をいつでも見られるようにするためのチャンネルページを別途用意し、顧客が必要なときに視聴できる配信体制にしました。リモートワークが進む中で、多くの人が時間と空間を共にすることが難しくなっている状況では、**ライブとオンデマンドを組み合わせたサポート方法が有効**であることを示す事例です。

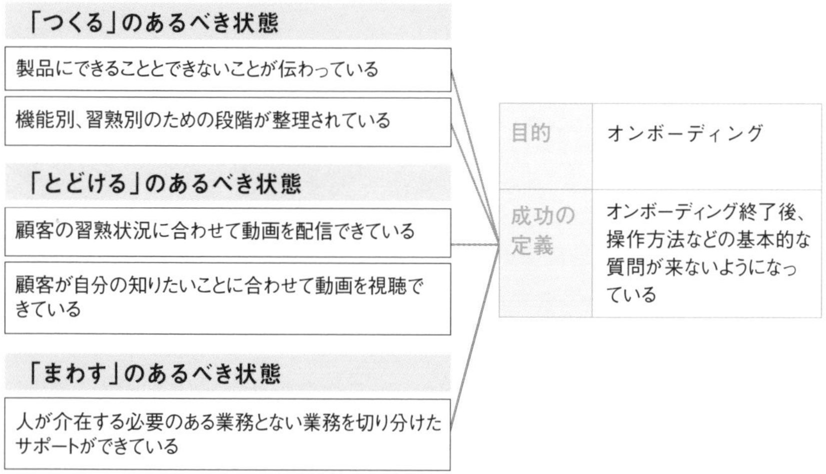

「つくる」のあるべき状態

製品にできることとできないことが伝わっている
機能別、習熟別のための段階が整理されている

「とどける」のあるべき状態

顧客の習熟状況に合わせて動画を配信できている
顧客が自分の知りたいことに合わせて動画を視聴できている

「まわす」のあるべき状態

人が介在する必要のある業務とない業務を切り分けたサポートができている

目的	オンボーディング
成功の定義	オンボーディング終了後、操作方法などの基本的な質問が来ないようになっている

●所与の条件

動画制作者	カスタマーサクセス担当	動画化対象	IT製品
視聴者	自社製品の導入ユーザー		
所有するモノ	HTMLメール配信ツール、チャットシステム		

図6-14 オンボーディングの動画戦略図

Appendix 09

見込客・顧客を「学習者」として支援する

失われた「見込客との1対1の会話の機会」

これまでは展示会を起点として、新規獲得から見込客育成を経て商談に至るまでのプロセスや分業が確立されていました。ブースに来場した見込客から得た名刺にメール送信し、インサイドセールスが電話をかけ状況をヒアリングし、ホットリードになったら営業が訪問して商談に至るという流れです。

しかし、新型コロナの影響を受け、新規獲得の重要な手段であった展示会が開催できなくなり、その代替手段として多くの企業がウェビナーやオンラインイベントに取り組んでいます。各社に共通する課題は**「集客はできる（参加者は集められる）ものの、具体的な商談に進みにくい」**です。具体的にデジタルでは何が難しいのかを、新型コロナ前後の集客からセミナー・ウェビナーを通じて商談に進むプロセスを比べてみましょう（図6-15）。

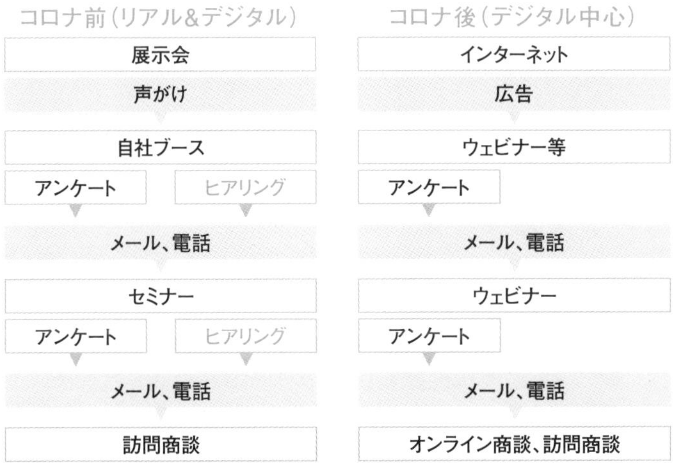

コロナ前（リアル&デジタル）
展示会
声がけ
自社ブース
アンケート
ヒアリング
メール、電話
セミナー
アンケート
ヒアリング
メール、電話
訪問商談
コロナ後（デジタル中心）
インターネット
広告
ウェビナー等
アンケート
メール、電話
ウェビナー
アンケート
メール、電話
オンライン商談、訪問商談

図6-15 新型コロナ前後の商談プロセスの比較

もっとも影響が大きいのが「見込客との1対1の会話・ヒアリングの機会」です。展示会であれば来場者に声をかけ、自社ブースに招き入れ、製品の説明をします。ここで出展企業は来場者を「見込客」として扱います。

　このとき「30秒でいいから」と強引に足止めして名刺をもらった見込客もいれば、展示されている製品について質問をしてくる見込客もいます。質問の中身はさまざまです。製品のスペックや他社製品との比較をする見込客は、何らかの実現したい目標や解決したい課題を与えられています。そのためには情報を収集したり、基礎知識を学んだり、スキルを習得したりします。

　見込客はこうした行為を自分の仕事や業務と捉えて進めていますが、**目標のための情報収集や知識を獲得し、わからなかったことがわかり、できなかったことができるようになるといった行為は「学習」である**といえます（図6-16）。

目標実現や課題解決のために「学習」する

図6-16 目標実現や課題解決のための学習

>>> 見込客を学習者として捉えてみる

　企業の担当者を学習者として捉えると基礎知識や情報収集であればインターネットの記事や関連書籍を読み、もう少し詳しく知りたい、もしくは自分の解釈で合っているんだろうかと思えば、セミナーやワークショップなどを受講します。セミナーなどに参加すると自分と同じように受講している人がいて、プログラムによっては受講者同士の情報交換の場があり

ます。

また、講師に直接質問できる機会があります。セミナー会場での他者との会話や、授業後の講師との質疑応答を通じて、知らず知らずのうちに自分の思考の整理や判断基準に磨きをかけ

たりして学習を進めています。これと同様に、**展示会での1対1の会話もまた学習が起こる場である**と筆者は考えます。こうした学び方、学びが起こる場所についてまとめると、図6-17となります。

学び方、学習が起こる場所

個人の学び
書籍、ネットで一人で知識を学び、情報を仕入れる
基礎知識

全体の学び
大勢のなかの一人として講師から知識・情報を教授される 講師によるトレーニング、他の参加者とのワークショップ
深まる理解、解釈の整理

同じ境遇者との学び
全体の学びのなかで起きる 他の受講者との会話など
他社のケース

個別の学び
全体の学びのなかで起こす 講師との1対1の質疑応答等
より具体的

図6-17　学びが起こる場所

ウェビナーでは「全体の学び」は行われますが、インフォーマルな「同じ境遇者との学び」や「個別の学び」が失われています。そのため、Zoomのブレイクアウトルームなどの機能を使い、プログラムの中にグループディスカッションを設け、「同じ境遇者との学び」の機会をつくる工夫ができます。

また、ウェビナー講師との1対1の質疑応答の機会を設け、「個別の学び」の機会をつくることもすぐにできます。ただ、主催者側のリソースによっては実行が難しく、機会を設けたとしても利用したいと思うかは、学習者のリテラシーや気質、課題の喫緊度、講師の魅力などさまざまな要因があるため、ここでは扱いません。

>>> 見込み客の学びを支援する

　現在、見込客は学習の場や機会を失っています。そこで提案したいのが、**見込客育成のプロセスを「学習のプロセス」と捉え、見込客の学習を支援すること**です。つまり、「学習者が次に学ぶべきこと、身につけるべきもののガイドを行う」ことです。個人の状況に応じた学びのコンテンツを提供し、理解や習得を助けます。

　また、見込客の学習支援を業務に落とし込むためには、既存の見込客育成のプロセスの中に、学習を支援する役割を設ける必要があります。ここをインサイドセールスが担当するのか、新たな職種を設けるのかは企業の状況によって異なります。

　見込客を従来の見込客と捉えて、ヒアリングをしてホットリードになりうるかどうかで見込客をランクづけしたり、自分に課せられている目標数値を達成するためにアポを取ったりするようなマインドセットでは、この役割は務まりません。結局、業務の評価指標も変えざるを得ません。この役割に求められるのは、教師やコーチとしての資質・素養です。具体的な要件は下記になります。

❶ **見込客の目標実現や課題解決のための、あるべき状態を定義できる**
❷ **できる前後、わかる前後を（段階的に）定義できる**
❸ **できる、わかるようになるための知識の渡し方、練習、トレーニングを考案できる**
❹ **できる、わかるようになるためのプロセスに寄り添い、励ますことができる**

　❶から❸は学習者の状況やリテラシーに応じたウェビナーコンテンツ、オンラインワークショッププログラムの内容を考えるためのものです。ここでは❹については論じず、❶〜❸の学習者の段階を定義し、それに応じたプログラム考案について解説します。

>>> 学習プロセスに応じたコンテンツの制作方法

　見込客の学習支援の最終的な目標は自社製品の導入です。そのために、新型コロナ後のウェビナーでは業界内の有名ゲストを招聘したり、自社

ツールと親和性のある他社と共催してリスト数を最大化したりして集客する施策がなされています。そこからホットリード化した見込客に見せるための製品紹介資料や成功事例インタビュー、製品操作動画などが準備されています。

しかしここまで述べてきたように、新型コロナ後の見込客は自分が学んできた知識を自社に適用するための思考の整理や判断基準の確からしさを確認する場を失いました。目標実現のために、あとどのくらいの知識を獲得すればいいのかすらもわからないかもしれません。ネット上にはベンダー企業がコンテンツマーケティングと称して乱発する変わり映えのしない記事をいくつも目にします。どの企業のコンテンツが正しく、何が自社にもっとも適した考え方なのか自信がもてなくなります。

こうした状況にある**見込客の学習を支援するために、「あなたの目標実現・課題解決のためには、〇〇の知識を、こういう順番で獲得し、それができたら〇〇を習得しましょう」という指針とカリキュラムを提示することが必要です。**

ウェビナープログラムと製品を題材に、実際のプログラムのつくり方を上述の❶〜❸の要件にあてはめて解説します。

まず、見込客の目標実現や課題解決のために獲得・習得しておくべき知識やスキルと、自社製品導入に至るまでのあるべき状態と、そのあるべき状態になるためのプログラムを整理するための表6-2を用意します。

	あるべき状態	視聴前の状態	ウェビナーコンテンツ
顕在層			
潜在層			

表6-2　見込客の状態の整理

記述する要素は、「あるべき状態」「視聴前の状態」「ウェビナーコンテンツ」の3つです。「あるべき状態」には段階があります。一番上に自社製品を使いこなしている状態をゴールとし、一番下を自社製品が所属する製品カテゴリーが解決する課題にまつわる知識や歴史などを学び始めたときの状態をスタートとします。潜在層が一番下にあり、上に向かうに従って顕在層になっていくイメージです。「視聴前の状態」にはウェビナーコンテンツを視聴する以前の視聴者の状態を記入します。「ウェビナーコンテンツ」には知識に対する状態や置かれている状況など視聴者に提供する内容を記載します。

》》》 ウェビナーコンテンツの記入例

表6-3に示す架空の動画制作・配信ソリューション（本ソリューション）を例に解説します。まず、あるべき状態の3段階それぞれを記入します。一番下の基礎知識は、自社製品が所属するソリューション上のカテゴリーや見込客の実現したい目標、解決したい課題などの業務から考えます。

次の段階では目標実現のためのソリューションが複数ある場合、見込客に自社製品がもっとも相応しいと感じてもらうための状態を考えます。一番上の段階は、ウェビナーコンテンツを提供する最終的な目標が自社製品の導入であることを意識しました。

あるべき状態が定義できたら、あるべき状態ごとに見込客の「わかっていない・できていない」状態や「置かれているであろう状況」を記述します。見込客には訪問営業ができない、紙や画像の資料だけでは見込客の理解が進まない、上司から動画の導入を命じられて調べ始めた、いままで外注していたが内製せざるを得なくなったものの動画の企画・制作方法がわからないといったいろいろな見込客がいます。そうしたさまざまな「わかっていない・できていない」状況を段階的に記述します。

ここまで定義できたら、次はそれぞれの「わかっていない・できていない状態」を「わかる・できる」ようにするためのウェビナーコンテンツを考案します。

「どんな動画にすればいいかわからない、どんな動画がいいのかわからない」という状態を「わかる」状態にするためのコンテンツとして、見込客に応じた動画のメソッド紹介（例：自社製品の優位性を訴える動画をつくる

あるべき状態	視聴前の状態	ウェビナーコンテンツ
課題、目標に本ソリューションが最適であると確信を得ている	他の動画制作サービスとどう違うのかわからない	・一般的な動画制作方法と本ソリューションとの違い ・他社サービス比較、解説
	費用対効果をどう説明したらいいかわからない	・一般的な動画制作費用と本ソリューションの違い ・効果が出るまでの期間とサポート説明 ・コスト削減効果、社員教育効果
	本当に自分たちで制作できるかわからない	・実際に本ソリューションを使用しているユーザーが動画を撮影している様子の解説 ・クオリティを上げるための準備、推奨機材の説明
自社の課題、目標に動画が活用できるイメージをもてている	自社で制作、ディレクション、運用できるかどうかわからない	・目的、課題別制作動画事例×事例数分 ・目的、課題別運用体制構築、運用事例×事例数分 ・普遍的な動画戦略図を提示 ・動画戦略図の制作ワークショップ（※ライブ対応）
動画制作・活用の基礎知識について理解できている	動画を活用しろといわれる。動画がいいんじゃないかぁなと思っている	・一般的な動画制作に必要なコスト（費用、時間）と作業 ・動画にはお金がかかる構造とその回避方法 ・動画のクオリティについての考え方 ・動画を配信する媒体、筐体ごとの尺、クリエイティブの考え方
	どんな動画にすればいいかわからない、どんな動画がいいのかわからない	・各種動画制作メソッドの解説（ショッピング、インタビュー、ランキング、比較、マニュアル、ニュースなど） ・同上の事例動画とその制作方法 ・動画活用が失敗する要因

表6-3　見込客の状態の記述例

Appendix

活用シーンで学ぶ動画戦略

ときは「比較」メソッドが有効といった知識）や、せっかく動画を制作しても効果を出せない失敗事例の普遍的

な要因を解説するコンテンツなどを用意していきます。

　最終段階はすでに製品紹介資料や

成功事例コンテンツ、操作方法説明などがあるでしょうから、そうしたものをウェビナー化していきます。

>>> よりよい学習支援のためにテクノロジーを使う

ここに挙げたコンテンツは一部に過ぎませんが、下から上の状態に進むにつれて見込客の母数は少なくなっていきます。また、導入までのスピードや確度も上の状態の方が早く、高くなります。導入の確度が低く、時間もかかりそうな見込客の学習に対して、最初から1対1に対応することはいくら学習を支援するといっても難しいものがあります。

そこでオンデマンド型ウェビナーやSFA、MAツールを活用し、少ないリソースでも最適なコンテンツを見込客にとどけられるようにしています。その考え方を整理したのが図6-18です。

ウェビナーを視聴している母数は左側がもっとも多く、右に向かって少なくなっていきます。左側の見込客の学習状態は「無知」や「Webサイトなどで情報を見て知ったつもり」になっているような状態です。こうした見込客は不特定多数の人々であり、この段階で1対1で対応していく必要はありません。ウェビナーの視聴動向を把握し、全体の視聴時間に対する再生時間（視聴完了率）が低く、アンケートにも回答していなければ、いまはまだ学習をサポートする段階にもなっていないと判断できます。

次に、視聴完了率が高くアンケートに質問などが書かれていれば、サポートすべき学習者と判断し、次に獲得・習得すべき知識やスキルと、そのためのウェビナーコンテンツを提供することができます。このとき、見込客の学習レベルは上がり、特定多数の人々となります。このとき一考したいのがアンケートです。

アンケートは一般的に、ウェビナー終了後に視聴者に入力を依頼します。ウェビナーの満足度、参加理由、ウェビナーのテーマについての質問（メール系のセミナーであれば、メールの配信頻度や配信についての悩み。展開出展がテーマであれば、展示会の出展頻度や規模、課題）などを聞いていきます。こうした質問はウェビナー参加者を見込客として捉える主催者が知りたいことです。

しかし、**アンケートは見込客の学習を支援する材料のものとして使用す**

る必要があります。ウェビナーで獲得した知識を自社の状況に当てはめて考えることを促したり、提供した情報を整理したりできるものがよいでしょう。

　一般的なウェビナーは講師から受講者への一方通行です。リアルタイムのウェビナーであれば受講者から質問ができますが一人ひとりの学習を整理・調整するような時間を取ることは不可能です。また、ウェビナー終了後にアンケートを提示するよりも、**ウェビナー視聴中に視聴者の考えを促したり整理したりするようなアンケートの出し方の方が、インプットとアウトプットの双方を体験することができ、学習効果が比較的高くなります。**このようなアンケートを実現する場合は動画配信プラットフォームや視聴プレイヤー、拡張機能の対応を確認しておく必要があります。

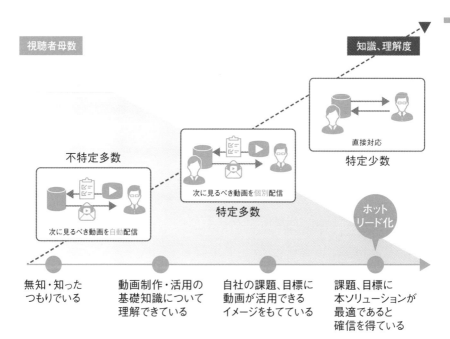

図6-18 見込み客の状態の変化とアプローチの変化

マーケティング戦略で
動画戦略図を使う

>>> 動画戦略図はプロセスごとに作成する

ここまでさまざまな動画活用事例を紹介してきました。見込客の育成、商談、購入促進、カスタマーサポートまで、セールス・マーケティングの各プロセスで動画が活用されています。

紹介してきた動画戦略図は、セールス・マーケティングの一つひとつのプロセスで動画を活用するときに制作します（図6-19）。

このプロセスをどのような部署が、

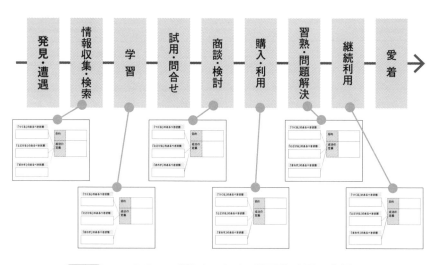

発見・遭遇　情報収集・検索　学習　試用・問合せ　商談・検討　購入・利用　習熟・問題解決　継続利用　愛着

図6-19　マーケティング戦略における動画戦略図の位置づけ

単独であるいは連携して進めていくかは各社異なりますが、**動画戦略図を使用することによって動画活用の全**

体像を明らかにし、方向性を共有することができます。動画の制作や運用を外注するときにも使えます。制作を外

注する際はオリエンテーションを行って、目的、ターゲット、予算などをわかりやすく的確に伝えることで、制作会社とゴールを共有し、目的を達成する可能性を高めることができます。それは発注者と受注者の間の共通言語をつくる行為に近いものです。動画戦略図は、この共通言語を動画制作だけでなく、配信や運用にまで広げかつ一目で全体の構造を把握しやすくなることを目的にしています。

動画を制作する目的、動画化する対象、制作する動画の内容や本数、関わる部署や人員の数、配信・運用方法が異なっていても目的や成功の定義、「つくる」「とどける」「まわす」の"あるべき状態"が1つの型に整理されていることで、動画活用がどうなってい

たら成功か、どんな状態であるべきかを考えやすくなります。

動画は手段に過ぎません。動画制作を生業にしている人であればそれは目的になりますが、セールスやマーケティングの効率化や数値向上を目的にしていれば、動画はどこまでいっても手段です。

しかし、動画は非常に扱いづらいものです。「なんとなく発注してみた」「ツールを導入してみた」だけでは望む成果を得ることはできません。成功の可能性をできるだけ少ない試行錯誤と労力で上げられるようにするために、動画戦略図を書いてください。そして、関係各署と動画活用の全体像を把握する見取り図として活用してください。

》》状況に応じた動画戦略図の活用の仕方

動画戦略図の具体的な使用の手順はおかれている立場によって異なります（図6-20）。自社に今後動画活用が必要と考えている場合は、まず自分の頭の中にある考えや情報を書き出すことに使ってください。

上司やクライアントから動画活用の指示が下りてきた場合は、彼・彼女らが考えていることをヒアリングしながら動画戦略図に書き出していき

ます。みなさんの上司やクライアントは「解決したい問題」があって、その手段として「動画を活用せよ」という指示を出しても、それが「どうなっていたら成功といえるか？」という成功の定義を決めていることはほとんどありません。そこを明らかにせず、合意をしていないことで動画活用プロジェクトは失敗していきます。彼・彼女らに動画戦略図の手段の施策を一

考えていることを書き出す

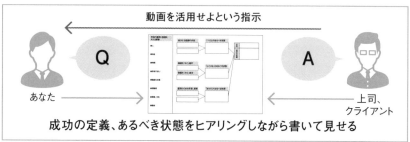

動画を活用せよという指示

あなた　　　　　　　　　　　　　　上司、クライアント

成功の定義、あるべき状態をヒアリングしながら書いて見せる

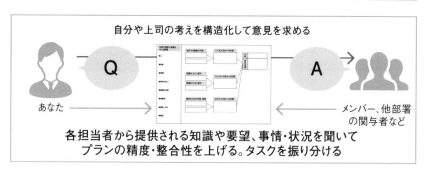

自分や上司の考えを構造化して意見を求める

あなた　　　　　　　　　　　　　メンバー、他部署の関与者など

各担当者から提供される知識や要望、事情・状況を聞いて
プランの精度・整合性を上げる。タスクを振り分ける

図6-20 動画戦略図の活用の仕方

緒に考えてもらうことは難しいですが、最低限 **「成功の定義」** と **「あるべき状態」** については合意しておくべきです。「あるべき状態」は「つくる」「とどける」「まわす」の手段を選択する基準にもなりますから、みなさんの手段

選択の意思決定を助けてくれます。

　広告代理店や動画制作を外注されている立場であれば、クライアントとの要件定義をスムーズにしてくれます。いった・いわないをなくす議事録としても活用できます。

動画活用を自分の部署のメンバーや、他部署の関与者と共に進める場合は、積極的に彼・彼女らの知識や経験、情報を頼ってください。自分1人で書いた動画戦略図はまだまだ粗いはずです。口と耳だけではなく、動画戦略図を見せてコミュニケーションをとるようにしてください。

たとえばある担当者に「こんなことはできる？」と尋ねると、できる・できない・こうすればできる（かもしれない）といった部分的なことしかわかりません。しかし、**その部分が全体にどのように影響を与えているのかを把握したうえでの質問であると、返答内容が変わってきます。**動画戦略図は全体と部分の関係を一目で把握できるようになっています。

動画は創造性やクリエイティブなセンスがなければ制作できないと思われています。ユニークな企画、目を奪われる編集といった作業は確かに創造性を求められます。しかし、目的に対して、所与の条件や置かれた環境から、あるべき状態を定義し、数多の選択肢から自分自身にとって最適な手段を選択することにも創造性が求められるのです。

eラーニングコンテンツを充実させる

　学習コンテンツを制作し始めると、カバーする領域をどこまでにするかによるものの、かなりの量の動画が出来上がるはずです。

　たとえば、動画制作や配信システムのベンダー企業であれば、「企業の動画活用」をテーマに、本書で紹介しているくらいの量のウェビナーを制作することになります。製品について、見込客・顧客に知っておいてほしい基礎知識、知っておくとなおよい周辺知識、導入したソリューションを自分たちの状況に適うようにする考え方、運用体制のつくり方、事例解説などのコンテンツには、視聴してもらいたい順番もあります。視聴者の対象となるテーマについて"わかってできる"ようになるために、数多くのコンテンツを制作し、視聴者のリテラシーに合わせて配信する順番を設計することは、eラーニングのコンテンツとカリキュラムをつくることとまったく同じです。

　こうしたコンテンツは、多くの視聴者を対象に一斉に配信するものもあれば、一人ひとりの視聴者の状況に合わせて配信するものもあるでしょう。eラーニングのコンテンツをオンデマンド型の動画で配信することのメリットは、その動画をずっとおいておけることです。このメリットを活かすと、同じテーマについて学んでいる視聴者同士が交流する場をつくることができます。

　筆者が講師を務める動画活用講座では、ウェビナーをメールで配信するだけでなく、配信したウェビナーを1つの場所で見られるWebページを用意しています。受講者はそのWebページにIDとパスワードを入力してログインするようになっており、そこで配信されているウェビナー動画に質問や感想などのコメント、それに対する講師の回答などを書き込めるようになっています。同じウェビナーを見ても、視聴者によって生ずる疑問は異なります。他者の質疑応答を見て、新たに気づきを得るということはよくあります。1人だけでウェビナーを見続けるよりも、こうした視聴者と講師、視聴者同士の交流を経る方が、よりよい学びにつながり、また1人だけで学ぶ孤独感も解消できます。ちなみに上述の動画活用講座では、課題として受講者に動画制作をしてもらい、それも同じ場所に投稿してもらうのですが、その動画の講評や他の受講者もコメントすることで場が大いに盛り上がります。あるテーマについて学ぶ者同士がデジタルで交流する場は、さながらキャンパスのようです。この取組みは見込客育成や顧客の成功支援、コミュニティ施策とも相性がよいでしょう。

おわりに

　動画活用をテーマに掲げた本書では、さまざまな手段や事例を語る前に、Introduction で動画活用の失敗の構造を示しました（Introduction 02 の図A）。

　動画への固定観念、動画の制作しづらさ、動画制作・配信・運用手段の全体像の欠如といった要因が入れ子になり、制作コストの高騰や配信時期のズレといった問題となって出現してくるのでした。

　こうした失敗を解消するために、Chapter 1 で「動画戦略図」を提案した後、Chapter 2 で動画の基礎知識として動画化価値や視聴者との関係性、コスト構造などを紹介しました。

　これらは Chapter 3 や Chapter 4 で解説した動画を「つくる」「とどける」ための手段を選択するときの基準になります。

　動画活用は、広告やキャンペーンといった比較的短期で終了するものから、長い時間をかけて見込客を育成し、顧客の成功を支援するような長期にわたるものまで用途が広がっています。

　また、関わる部署も複数になることもあります。運用の長期化、関係者の多様化に対して動画活用という 1 つの目標に向かうための調整方法を Chapter 5 で紹介しました。

　そして、動画を「つくる」「とどける」「まわす」の全体像を描く「動画戦略図」を通して、実際の活用シーンを Appendix で解説しました。

　これら全章の理解を通じて、「動画活用が失敗する構造」を「動画活用が成功する構造」（図 B）へと更新することができます。

　目標を実現するまでの道のりが長期になるほど、確かな手応えや大きな効果を得ることに時間がかかります。この世界に生き、企業に所属していれば、新型コロナのようなパンデミックや自然災害、社長や上司の交代・異動、ライバル企業や新興企業の衝撃的な一手による方針転換といった、規模や種類の異なる変化がいつでも起きる可能性があります。

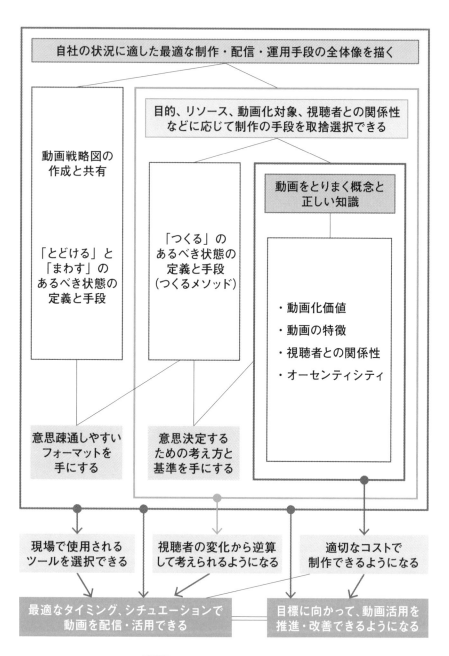

図B 動画活用が成功する構造

214

このとき、動画活用の効果が出ていなければ、数ある“使えなかった手段”の墓標に新しく名を刻むことになります。そうならないよう、できるだけ少ない試行錯誤であるべき状態をつくり出し、目標を実現できるようになるために本書が役立てば、これに勝る喜びはありません。

2021 年 6 月　前田 考歩

著者紹介

前田 考歩 （まえだ・たかほ）

自動車、映画、地域活性、防災、育児、離乳食、動画、カメラなど事業・製品開発のプロジェクトマネジメントに携わる。動画分野では、動画マーケティング配信システムのカスタマーサクセスに従事。テーマや規模を問わず、プロジェクトの仮説立案、合意形成、進行管理を行うためのツール「プ譜」を後藤洋平氏と共に考案。著書に『紙1枚に書くだけでうまくいく プロジェクト進行の技術が身につく本』（翔泳社）など。

装丁	植竹 裕 （UeDESIGN）
カバーイラスト	emma / PIXTA （ピクスタ）
DTP	佐々木 大介
	吉野 敦史 （株式会社アイズファクトリー）

動画で「売れる仕組み」をつくる
認知・集客・見込客育成・販売・サポートがまるごとできるマーケティング戦略

2021年7月5日　初版　第1刷発行

著者	前田 考歩
発行人	佐々木 幹夫
発行所	株式会社 翔泳社 （https://www.shoeisha.co.jp/）
印刷・製本	株式会社ワコープラネット

©2021 Takaho Maeda

ISBN978-4-7981-6808-1　　　　　　　　　　　　Printed in Japan